2025 NEW

2024 실기 기출문제 100% 복원

이러닝 운영관리사 실기

필답형 핵심이론 + 기출 예상문제

이러닝지도사 **이준희 · 이태린** 공편

북스케치

합격을 스케치하다

이러닝운영관리사 기본 정보

⚙️ 자격종목

- 자격명 : 이러닝운영관리사
- 관련부처 : 산업통상자원부
- 시행기관 : 한국산업인력공단
- 실시기관 홈페이지 : 큐넷(http://www.q-net.or.kr)

⚙️ 개요

이러닝운영관리사의 직무는 이러닝 환경에서 효과적인 교수학습을 위하여 교육과정에 대한 운영계획을 수립하고, 학습자와 교·강사의 활동을 촉진하며, 학습콘텐츠 및 시스템의 운영을 지원하는 직무이다.

국가기술자격제도의 산업 현장성 강화를 위해 농국가직무능력표준(NCS)을 활용해 국가기술자격 종목을 신설(4종목)하였으며, 자격의 내용·시험 과목·시험 방법 등을 NCS를 토대로 구성하고 국가기술자격법 시행령 제12조 절차에 따라 세부 직무 분야별 전문위원회의 심의를 거쳐 확정 후 2023년 1회 필기시험을 시행하였다.

⚙️ 시험일정 및 절차

- 2024년 제2회 정기 기사 일정 : 2024. 06. 25 ~ 06. 28 원서 접수(인터넷)
  2024. 07. 28 ~ 08. 14 실기 시험
- 절차 : 필기 시험 → 실기 시험 → 합격

⚙️ 시험과목 및 방법

필기	시험 과목	이러닝 운영계획 수립, 이러닝 활동지원, 이러닝 운영관리
	시험 방법	객관식 100문제, 2시간 30분
	합격 기준	과목당 40점 이상 득점, 전과목 평균 60점 이상 득점
실기	시험 과목	이러닝 운영 실무
	시험 방법	필답형 20문제, 2시간
	합격 기준	100점 만점 중 60점 이상 득점

※ 시험 내용은 바뀔 수 있으므로 반드시 큐넷에 올라온 최종 공고문을 확인하시기 바랍니다. (http://www.q-net.or.kr)

⚙ 이러닝운영관리사 실기 출제 기준

직무 분야	교육 · 자연 과학 · 사회과학	중직무 분야	교육 · 자연 과학 · 사회과학	자격 종목	이러닝운영관리사	적용 기간	2023. 1. 1. ~ 2025. 12. 31.
직무 내용		이러닝 환경에서 효과적인 교수학습을 위하여 교육과정에 대한 운영계획을 수립하고, 학습자와 교 · 강사의 활동을 촉진하며, 학습콘텐츠 및 시스템의 운영을 지원하는 직무이다.					

수행 준거	1. 이러닝 운영과 관련된 산업 특성 및 기술동향을 이해하고, 관련 법제도와 용어를 분석할 수 있다. 2. 이러닝 콘텐츠 유형과 특징, 대상에 따른 특성을 파악하고, 설계전략 및 개발환경을 이해할 수 있다. 3. 학습시스템 개발이 어떤 일을 하는 직무인지를 이해하고, 해당 직무의 업무 내용을 통해 학습시 스템 개발에 대해 설명할 수 있다. 4. 이러닝 운영계획에 따라 운영 환경 준비, 과정 개설, 학사일정 수립 및 수강신청 업무를 수행하고 점검할 수 있다. 5. 학습자의 원활한 학습을 지원하기 위해 운영활동에 필요한 각종 지원도구의 종류와 특성을 분석 한 후 적합한 지원도구를 선정하여 활용하고, 개선점을 도출하여 다음 운영에 반영할 수 있다. 6. 학습환경을 최적화하고, 수강 오류를 신속하게 처리하며, 학습활동이 촉진되도록 학습자를 지원 할 수 있다. 7. 과정 운영을 위해 내용을 계획하고 운영활동을 진행한 후 이에 대한 결과를 보고할 수 있다. 8. 이러닝 콘텐츠가 포함된 교육과정 운영을 위한 정보를 계획하고 교육과정 관리를 진행한 후 이에 대한 결과를 보고할 수 있다. 9. 과정 운영에 필요한 콘텐츠, 교 · 강사, 시스템, 운영 활동의 성과를 분석하고 개선사항을 관리하 여 그 결과를 최종 평가보고서 형태로 작성할 수 있다.

실기 검정방법	필답형 20문항	시험 시간	2시간

실기 과목명		**이러닝 운영 실무**	
주요항목	**세부항목**	**세세항목**	
1. 이러닝 산업 파악	이러닝 산업동향 이해	1. 이러닝 산업의 구성요소를 파악할 수 있다. 2. 이러닝 산업 중 서비스 분야의 특성을 파악할 수 있다. 3. 이러닝 산업 중 콘텐츠 분야의 특성을 파악할 수 있다. 4. 이러닝 산업 중 시스템 분야의 특성을 파악할 수 있다. 5. 이러닝 산업 중 인프라 분야의 특성을 파악할 수 있다. 6. 이러닝 산업의 영역별 발전과정과 향후 동향을 분석 할 수 있다. 7. 이러닝 산업의 주요 이해관계자(콘텐츠/시스템 공급 자, 서비스제공자, 수요자, 공공기관 등)를 파악할 수 있다.	
	이러닝 기술동향 이해	1. 이러닝 기술의 구성요소(서비스, 콘텐츠, 시스템)를 구분하여 설명할 수 있다. 2. 이러닝 기술 관련 용어를 분야별로 설명할 수 있다. 3. 이러닝 관련(서비스, 콘텐츠, 시스템) 기술의 발전과 정과 향후 동향을 분석할 수 있다.	
	이러닝 법제도 이해	1. 이러닝 운영에 필요한 법제도의 유형과 세부 내용을 확인할 수 있다. 2. 이러닝 법제도의 변경사항과 세부 내용이 있는지 확 인할 수 있다.	

		3. 이러닝 법제도의 변경사항을 운영계획에 적용할 수 있다. 4. 이러닝 법제도의 변경사항을 학습관리시스템(LMS)에 적용할 수 있다. 5. 이러닝 법제도의 변경사항에 따른 대응방안을 내부에 공유할 수 있다.
	이러닝 법제도 이해	
2. 이러닝 콘텐츠의 파악	이러닝콘텐츠 개발 요소 이해	1. 이러닝 콘텐츠 개발에 필요한 자원을 알고 규명할 수 있다. 2. 이러닝 콘텐츠 개발에 필요한 장비를 알고, 특장점을 설명할 수 있다. 3. 이러닝 콘텐츠 개발 최종산출물을 알고 개발범위를 설명할 수 있다.
	이러닝콘텐츠 유형별 개발 방법 이해	1. 이러닝 콘텐츠의 유형별 차이점을 알고 개발상의 유의점을 제시할 수 있다. 2. 학습목적 및 대상에 따른 이러닝 콘텐츠 유형을 분류하고 개발에 따른 특성을 제시할 수 있다. 3. 이러닝 콘텐츠 유형별 서비스 환경이나 대상을 파악하고 차이점을 규명할 수 있다.
	이러닝콘텐츠 개발환경 파악	1. 이러닝 콘텐츠 개발 절차를 알고 필요한 자원을 규명할 수 있다. 2. 이러닝 콘텐츠 개발에 필요인력을 알고 역할을 규명할 수 있다. 3. 이러닝 콘텐츠 유형별 필요자원을 알고 투입자원을 규명할 수 있다.
3. 학습시스템 특성 분석	학습시스템 이해	1. 학습시스템에 대한 필요성을 작성할 수 있다. 2. 학습시스템의 구조를 작성할 수 있다. 3. 학습시스템의 요소 기술을 작성할 수 있다.
	학습시스템 표준 이해	1. 학습시스템 표준을 설명할 수 있다. 2. 학습시스템 서비스 표준을 설명할 수 있다. 3. 학습시스템 데이터 표준을 설명할 수 있다. 4. 학습시스템 콘텐츠 표준을 설명할 수 있다.
	학습시스템 개발과정 이해	1. 개발하고자 하는 학습시스템 기술적 구조와 현황을 파악할 수 있다. 2. 개발에 필요한 HW, SW, 네트워크, 보안 등의 사용자 요구사항을 문서화 할 수 있다. 3. 개발 프로세스에 대한 명세를 문서화 할 수 있다. 4. 이러닝 업무 워크플로우에 따라 특성을 반영하여 시스템 개발방안을 결정할 수 있다. 5. 시스템 개발안을 토대로 개발환경을 설정할 수 있다.
	학습시스템 운영과정 이해	1. 학습시스템 운영에 대해 정의 할 수 있다. 2. 학습시스템 운영 프로세스에 대해 설명할 수 있다. 3. 학습시스템 운영 시 필요한 기술에 대해 나열할 수 있다. 4. 학습시스템 운영 시 발생하는 리스크와 해결 방법에 대해 설명할 수 있다.

4. 이러닝운영 준비	운영환경 분석	1. 이러닝 서비스를 제공하는 학습시스템을 점검하여 문제점을 해결할 수 있다. 2. 이러닝 운영을 위한 학습관리시스템(LMS)을 점검하여 문제점을 해결할 수 있다. 3. 이러닝 학습지원도구의 기능을 점검하여 문제점을 해결할 수 있다. 4. 이러닝 운영에 필요한 다양한 멀티미디어 기기에서의 콘텐츠 구동 여부를 확인할 수 있다. 5. 교육과정별로 콘텐츠의 오류 여부를 점검하여 수정을 요청할 수 있다.
	교육과정 개설	1. 학습자에게 제공 예정인 교육과정의 특성을 분석할 수 있다. 2. 학습관리시스템(LMS)에 교육과정과 세부 차시를 등록할 수 있다. 3. 학습관리시스템(LMS)에 공지사항, 강의계획서, 학습관련자료, 설문, 과제, 퀴즈 등을 포함한 사전 자료를 등록할 수 있다. 4. 학습관리시스템(LMS)에 교육과정별 평가문항을 등록할 수 있다.
	학사일정 수립	1. 연간 학사일정을 기준으로 개별 학사일정을 수립할 수 있다. 2. 원활한 학사진행을 위해 수립된 학사일정을 협업부서에 공지할 수 있다. 3. 교·강사의 사전 운영준비를 위해 수립된 학사일정을 교·강사에게 공지할 수 있다. 4. 학습자의 사전 학습준비를 위해 수립된 학사일정을 학습자에게 공지할 수 있다 5. 운영예정인 교육과정에 대해 서식과 일정을 준수하여 관계기관에 절차에 따라 신고할 수 있다.
	수강신청 관리	1. 개설된 교육과정별로 수강신청 명단을 확인하고 수강승인 처리를 할 수 있다. 2. 교육과정별로 수강 승인된 학습자를 대상으로 교육과정 입과를 안내할 수 있다. 3. 운영 예정 과정에 대한 운영자 정보를 등록할 수 있다. 4. 운영을 위해 개설된 교육과정에 교·강사를 지정할 수 있다. 5. 학습과목별로 수강변경사항에 대한 사후처리를 할 수 있다.
5. 이러닝 운영 지원도구 관리	운영지원도구 분석	1. 과정운영에 필요한 운영지원 도구의 종류와 특성을 파악할 수 있다. 2. 학습자의 원활한 학습을 지원하기 위해 필요한 도구에는 어떤 것이 있는지 분석할 수 있다. 3. 운영지원 도구별 사용상 특성을 파악하여 적용방법을 도출할 수 있다.
	운영지원도구 선정	1. 이러닝운영 과정의 특성에 적합한 운영지원 도구를 선정할 수 있다.

		2. 선정된 운영지원 도구의 사용방법을 매뉴얼로 정리할 수 있다. 3. 선정된 운영지원 도구의 특성을 파악한 후 이를 학습자에게 적용하기 위한 방안을 도출할 수 있다.
	운영지원도구 관리	1. 운영지원 도구 사용현황에 따른 문제점과 개선점을 정리할 수 있다. 2. 운영지원도구별 개선점을 반영할 수 있는 방안을 도출할 수 있다. 3. 도출된 개선방안을 운영지원 업무에 반영할 수 있다.
6. 이러닝 학습활동 지원	학습환경 지원	1. 수강이 가능한 PC, 모바일 학습환경을 확인할 수 있다. 2. 학습자의 학습환경을 분석하여 학습자의 질문 및 요청사항에 대처할 수 있다. 3. 학습자의 PC, 모바일 학습환경을 원격지원할 수 있다. 4. 원격지원상에서 발생하는 문제 상황을 분석하여 대응방안을 수립할 수 있다.
	학습활동 안내	1. 학습을 시작할 때 학습자에게 학습절차를 안내할 수 있다. 2. 학습에 필요한 과제수행 방법을 학습자에게 안내할 수 있다. 3. 학습에 필요한 평가기준을 학습자에게 안내할 수 있다. 4. 학습에 필요한 상호작용 방법을 학습자에게 안내할 수 있다. 5. 학습에 필요한 자료등록 방법을 학습자에게 안내할 수 있다.
	학습활동 촉진	1. 운영계획서 일정에 따라 학습진도를 관리할 수 있다. 2. 운영계획서 일정에 따라 과제와 평가에 참여할 수 있도록 학습자를 독려할 수 있다. 3. 학습에 필요한 상호작용을 활성화할 수 있도록 학습자를 독려할 수 있다. 4. 학습에 필요한 온라인 커뮤니티 활동을 지원할 수 있다. 5. 학습과정 중에 발생하는 학습자의 질문에 신속히 대응할 수 있다. 6. 학습활동에 적극적으로 참여하도록 학습동기를 부여할 수 있다. 7. 학습자에게 학습의욕을 고취시킬 수 있다. 8. 학습자의 학습활동 참여의 어려움을 파악하고 해결할 수 있다.
	수강오류 관리	1. 학습 진도 오류 등 학습 활동에서 발생한 각종 오류를 파악하고 이를 해결할 수 있다. 2. 과제나 성적 처리상의 오류를 파악하고 이를 해결할 수 있다. 3. 수강오류 발생 시 내용과 처리방법을 공지사항을 통해 공지할 수 있다.

7. 이러닝 운영 활동관리	운영활동 계획	1. 운영활동을 수행하는 데에 필요한 항목을 파악할 수 있다. 2. 운영활동이 진행되는 절차를 운영전, 운영중, 운영후로 구분하여 정리할 수 있다. 3. 운영활동 진행 절차별 목표와 평가준거를 기술할 수 있다. 4. 운영활동 진행 절차별 운영활동 분석을 위한 양식을 기획하여 이를 제작할 수 있다.
	운영활동 진행	1. 학습자 관점에서 효과적인 학습이 이루어질 수 있도록 운영활동을 수행할 수 있다. 2. 운영자 관점에서 효율적인 관리가 이루어질 수 있도록 운영 활동을 수행할 수 있다. 3. 시스템의 관점에서 효율적인 관리가 될 수 있도록 운영 활동을 수행할 수 있다. 4. 학습자 만족이 이루어질 수 있도록 운영 활동을 수행할 수 있다.
	운영활동 결과보고	1. 운영 활동 결과를 보고 양식에 맞게 작성할 수 있다. 2. 운영 활동 결과보고에 따른 후속 조치를 수행하여 부족한 부분을 개선할 수 있다. 3. 운영활동 결과에 따른 피드백을 다음 운영 활동에 반영할 수 있다.
8. 이러닝운영 교육과정 관리	교육과정관리 계획	1. 운영전략의 목표와 교육과정 체계를 분석할 수 있다. 2. 운영할 교육과정별 상세 정보와 학습목표를 확인할 수 있다. 3. 학습자 요구를 반영한 이러닝 운영 교육과정을 선정하고 관리계획을 수립할 수 있다.
	교육과정관리 진행	1. 과정관리에 필요한 항목별 특징을 분석할 수 있다. 2. 과정관리에 필요한 유관부서와의 협업 방법을 정리할 수 있다. 3. 과정관리 시 필요한 항목들의 사전 준비 여부를 파악할 수 있다. 4. 과정 운영에 필요한 관리 매뉴얼을 통해 업무 진행 내용을 파악할 수 있다. 5. 진행되는 교육과정을 운영 목표에 맞춰 관리하여 운영 성과를 도출할 수 있다. 6. 과정 품질에 대한 기준을 마련하고 과정을 이에 맞게 분류할 수 있다.
	교육과정관리 결과보고	1. 교육과정별 운영 결과를 정리하기 위한 보고 양식을 제작할 수 있다. 2. 교육과정 결과 보고 양식에 따라 운영 내용을 정리할 수 있다. 3. 교육과정 운영 결과가 의미하는 시사점을 도출하고 반영할 수 있다. 4. 교육과정 운영 결과에 대한 피드백을 향후 운영 계획에 반영하여 적용할 수 있다.

9. 이러닝운영 결과 관리	콘텐츠운영결과 관리	1. 콘텐츠의 학습내용이 과정 운영 목표에 맞게 구성되어 있는지 확인할 수 있다. 2. 콘텐츠가 과정 운영의 목표에 맞게 개발되었는지 확인할 수 있다. 3. 콘텐츠가 과정 운영의 목표에 맞게 운영되었는지 확인할 수 있다.
	교·강사운영결과 관리	1. 교·강사 활동의 평가기준을 수립할 수 있다. 2. 교·강사가 평가기준에 적합하게 활동 하였는지 확인할 수 있다. 3. 교·강사의 질의응답, 첨삭지도, 채점 독려, 보조자료 등록, 학습상호작용, 학습참여, 모사답안여부 확인을 포함한 활동의 결과를 분석할 수 있다. 4. 교·강사의 활동에 대한 분석결과를 피드백할 수 있다. 5. 교·강사 활동 평가결과에 따라 등급을 구분하여 다음 과정 운영에 반영할 수 있다.
	시스템운영결과 관리	1. 시스템운영결과를 취합하여 운영 성과를 분석할 수 있다. 2. 과정 운영에 필요한 시스템의 하드웨어 요구사항을 분석할 수 있다. 3. 과정 운영에 필요한 시스템 기능을 분석하여 개선 요구사항을 제안할 수 있다. 4. 제안된 내용의 시스템 반영 여부를 확인할 수 있다.
	운영결과관리보고서 작성	1. 학습 시작 전 운영준비 활동이 운영계획서에 맞게 수행되었는지 확인할 수 있다. 2. 학습 진행 중 학사관리가 운영계획서에 맞게 수행되었는지 확인할 수 있다. 3. 학습 진행 중 교·강사 지원이 운영계획서에 맞게 수행되었는지 확인할 수 있다. 4. 학습 진행 중 학습활동지원이 운영계획서에 맞게 수행되었는지 확인할 수 있다. 5. 학습 진행 중 과정평가관리가 운영계획서에 맞게 수행되었는지 확인할 수 있다. 6. 학습 종료 후 운영성과관리가 운영계획서에 맞게 수행되었는지 확인할 수 있다.

이 책의 차례

PART 1 실기 핵심이론 정리

PART 2 실기 출제예상 문제

PART 3 이러닝운영관리사 실기 최신 기출문제

이러닝운영관리사
실기

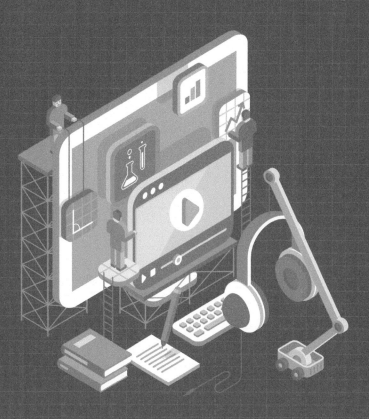

PART 1
실기 핵심이론 정리

Chapter 01 이러닝 산업 파악

01 이러닝 산업 동향 이해

01 이러닝 산업의 정의

① **이러닝** : 전자적 수단, 정보통신, 전파, 방송, 인공지능, 가상현실 및 증강현실 관련 기술을 활용하여 이루어지는 학습 2024 실기 기출
② **이러닝 산업** : 이러닝을 위한 콘텐츠, 솔루션, 서비스, 하드웨어를 개발·제작 및 유통하는 사업

02 이러닝의 특징

① 학습자와 교수자 모두에게 다양한 편리성을 주고 시공간을 넘어 누구나 수준에 맞게 최신 학습 정보에 쉽게 접근할 수 있도록 하는 체제
② 학습자가 필요할 때 반복 수강이 가능하다는 면에서 매우 융통성 있음
③ 온라인의 양방향성과 사진이나 그래픽 등의 시각적 보조 자료를 온라인에 첨부할 수 있음

03 이러닝 산업의 공급자

분류	내용
콘텐츠 사업체	이러닝에 필요한 정보와 자료를 멀티미디어 형태로 개발, 제작, 가공, 유통하는 사업체
솔루션 사업체	이러닝에 필요한 교육관련 정보시스템의 전부나 일부를 개발, 제작, 가공, 유통하는 사업체
서비스 사업체	온라인 교육, 훈련, 학습 등을 쌍방향으로 정보통신 네트워크를 통해 개인, 사업체 및 기관에 직접 서비스로 제공하는 사업과 이러닝 교육 및 구축 등 이러닝 사업 제반에 관한 컨설팅을 수행하는 사업체 ⓐ 정규 교육 사업체 : 초·중·고교 및 대학교와 연계하여 학위를 주는 사업체 ⓑ 사설 학원 사업체 : 사설학원을 운영하면서 전부 또는 일부를 이러닝을 통해 서비스를 제공하는 사업체 ⓒ 일반 사업체 : 자가 소유 또는 임차한 정보통신 네트워크를 통하여 사업체가 교육, 훈련, 학습의 서비스를 제공하는 사업체

※ 출처 : 산업통상자원부, 이러닝산업실태조사보고서 2022

04 이러닝 산업의 수요자

대분류	중분류	내용
단체	사업체	종사자 수 1인 이상 전 업종(단, 정부 및 공공기관, 가사서비스업, 국제 및 외국기관 제외)
	정규 교육기관	초·중·고·대학 전체 교육기관(원격대학교 제외)
	정부/공공기관	중앙정부, 교육청, 광역지방자치단체, 정부출자/출연기관, 지방공사/공단 등
개인	개인	가구방문조사를 통한 전국 만 3세이상 60대(69세까지) 인터넷 이용자

05 이러닝 사업체 수

① 2022년 이러닝 사업체 수는 총 2,393개

② 사업 분야별로 서비스 사업체 1,518개, 콘텐츠 사업체 519개, 솔루션 사업체 356개

③ 2021년 대비 280개 사업체가 증가함(13.3% 증가)

06 이러닝 공급시장 규모

① 2022년 이러닝 매출액은 5조 3,508억 원으로 나타남

② 2021년 이러닝 매출액 5조 218억 원 대비 6.6% 증가함

③ 솔루션 부분은 전년 대비 7.6%p, 서비스 사업체는 7.0%p, 콘텐츠 사업체는 4.2%p 증가함

07 이러닝 인력 현황

① 2022년 기준 이러닝 산업에 종사하고 있는 인력은 35,346명으로 추정됨

② 2021년 대비 1,695명 증가함

③ 이러닝 콘텐츠 개발자가 이러닝 산업에 종사하는 인력 중 24.6%의 가장 높은 비중을 차지함

④ 이러닝 과정 운영자 22.7%, 이러닝 컨설턴트 19.3%, 이러닝 시스템 개발자 18.7% 등의 순으로 나타남

08 이러닝 교육 대상별 매출 비중

① 교육 대상별 매출 비중은 기업 재직자가 34.4%로 가장 높은 비중을 차지함

② 대학생 15.0%, 평생교육 14.1%, 초등학생 12.8%, 정부/공공기관 종사자 10.3% 등의 순으로 나타남

09 국내 이러닝 수요시장 규모

① 2021년도 국내 이러닝 수요시장 규모는 5조 399억 원으로 나타남

② 개인 2조 6,079억 원, 사업체 1조 8,067억 원, 정부/공공기관 3,161억 원, 정규 교육기관 3,093억 원 순으로 나타남

③ 2021년도 국내 이러닝 수요시장 규모는 2020년 대비 10.3% 증가함

④ 개인 10.2%, 사업체 9.0%, 정부/공공기관 15.1%, 정규 교육기관 14.7% 증가함

10 개인 이러닝 이용 현황

① 이러닝 이용률은 매년 꾸준히 증가하고 있음

② 개인이 이러닝을 이용한 방법으로는 '교육방송 시청' 46.2%, '인터넷 전문 교육 사이트에서 제공하는 이러닝서비스 수강(학습)' 44.2%, '학교에서 운영하는 정규 교육과정' 34.4%, '교육청 등 공공기관에서 운영하는 이러닝서비스' 26.0% 등의 순으로 나타남

③ 이러닝을 이용한 분야는 '초 · 중 · 고 교과과정' 24.2%, '직무' 22.7%, '자격' 19.8%, '외국어' 19.1%, '정보기술' 13.9% 등의 순으로 나타남

④ 이러닝으로 수강한 과정으로는 '초 · 중 · 고 교과과정'이 5.55개로 가장 많고, 다음으로 '직무' 2.28개, '자격' 2.14개, '외국어' 1.72개 등의 순으로 나타남

⑤ 이러닝 이용 분야는 '취미/교양' 3.72점, '직무' 3.71점, '정보기술' 3.66점, '외국어' 3.64점, '자격', '산업기술' 각 3.60점 등의 순으로 나타남

11 2015년 이러닝 산업 특수분류 제정

① 산재해 있는 이러닝 산업 영역을 환경변화에 맞게 보다 세분화 · 구체화되고 단일 업종으로 통합하여 관리할 수 있는 산업분류체계 제정이 필요함

② 이러닝 산업 특수분류는 이러닝 사업자의 생산활동을 이러닝 ① 콘텐츠, ② 솔루션, ③ 서비스, ④ 하드웨어 4개로 대분류하고, 그 하위에 12개 중분류, 33개 소분류하여 이러닝 범위를 구체화함 [2024 실기 기출]

세부 범위	정의
이러닝 콘텐츠	이러닝을 위한 학습내용물을 개발, 제작 또는 유통하는 사업
이러닝 솔루션	이러닝을 위한 개발도구, 응용소프트웨어 등의 패키지 소프트웨어 개발과 이에 대한 유지 · 보수업 및 관련 인프라 임대업
이러닝 서비스	전자적 수단, 정보통신 및 전파 · 방송기술을 활용한 학습 · 훈련을 제공하는 사업
이러닝 하드웨어	이러닝 서비스 제공 및 이용을 위해 필요한 기기 · 설비를 제조 · 유통하는 사업

12 이러닝 산업 용어

① 2006년 이러닝 분야의 국제표준에 대한 기술적 개념을 보다 명확하고 쉽게 이해할 수 있도록 이러닝 분야 용어에 대한 KS 국가표준을 제정함

용어	뜻
교육(education)	– 지식과 기술, 태도를 가르치며 인격을 기르는 행위를 의미함
학습(learning)	– 비교적 지속적인 행동의 변화나 그 잠재력의 변화를 의미함 – 지식을 습득하는 과정을 의미하기도 함 – 이러닝에서는 인터넷, 컴퓨터 기반 교육, 디지털 미디어와 같은 전자 수단을 통해 지식과 기술을 습득하는 과정으로 정의함
훈련(training)	– 정신적인 것과 기술적인 것을 일정한 목표나 기준에 도달할 수 있도록 만드는 실제적인 교육 활동을 의미함
역량	– 학습자가 온라인 교육 활동을 통해 습득하는 지식, 기술 및 능력을 말함
학습 양식	– 개인이 선호하는 정보 습득 및 처리 방법을 의미함 – 학습자의 학습 양식을 이해하면, 학습자의 고유한 학습 요구 사항과 선호도에 맞는 효과적인 교육 자료를 설계하는 데 도움이 됨
이러닝(e-learning)	– 인터넷과 같은 네트워크를 매개체로 이루어지는 학습을 의미함 – 온라인 학습, 가상 학습, 사이버 교육과 동일한 의미임
엠러닝(m-learning)	– 모바일(mobile) 러닝의 약어 – 이동성이 강화된 학습을 말함 – 핸드폰, 태블릿 등 개인이 가볍게 들고 다니는 기기를 통해서 학습을 할 수 있는 것을 의미함
유러닝(u-learning)	– 유비쿼터스(Ubiquitous) 러닝의 약어 – '어디에나 있는, 아주 흔한'의 의미로, 특별한 기기를 들고 다니지 않아도, 주변의 물건에 정보통신 기술이 내재되어 있어 필요할 때마다 학습에 접근할 수 있다는 것을 의미함
T러닝(t-learning)	– 티비(TV) 러닝의 약어 – 텔레비전을 통한 학습을 의미함(EBS 교육방송과 유사) – 학습자가 원하는 강의를 선택해서 들을 수 있음
G러닝(g-learning)	– Game-Learning의 약어 – 학습의 단점을 보완해 줄 수 있는 학습 방법 – 학습자에게 동기 부여와 몰입을 줄 수 있는 학습 방법 – 주로 초중등 학교에서 많은 실험과 연구 되고 있는 분야
스마트 러닝 (smart-learning)	– 스마트폰, 태블릿 PC, 스마트 TV 등 각종 스마트 기기에서 학습하는 것을 스마트 러닝이라고 오해하는 경우가 있음 – 그동안 기술적 한계로 인해 학습에 접근할 수 없었던 다양한 제약 사항을 스마트 기기를 활용해 극복해내는 학습임 – 사람이 기계에 맞추고 정해진 학습 방법에 맞추는 것이 아니라 사람의 학습 방법에 기계들이 스마트하게 지원하는 학습 형태를 의미하는 사람 중심의 학습 방법을 의미함

소셜러닝(social-learning)	– 사회적 학습의 의미 – 사람들이 다른 사람을 통해 새로운 지식을 배우는 지속적인 과정을 의미함
마이크로 러닝(micro-learning)	– 특정 정보와 기술을 짧은 시간 내에 제공하도록 설계된 짧고 집중적인 학습 콘텐츠를 활용한 학습을 의미함
MOOC 🔍 1회 필기 기출	– Massive, Open, Online, Course의 줄임말 – 누구나, 언제 어디서나 원하는 강좌를 무료로 들을 수 있는 온라인 공개강좌 서비스
컴퓨터 학습 관리(CML)	– 학습 프로그램의 제공 및 관리를 위해 컴퓨터 기술을 사용하는 것을 의미함 – 학습관리시스템(LMS)과 학습콘텐츠관리시스템(LCMS)이 CML의 일부라고 할 수 있음
학습관리시스템 [learning management system(LMS)] 2024 실기 기출	– 학습자의 학습을 지원하고 관리하는 시스템 – 보통은 가상학습시스템이라고도 함 – 조직에서 직원, 학생 또는 기타 학습자에게 이러닝 학습과정 및 교육 프로그램을 관리하고 제공할 수 있도록 하는 소프트웨어 플랫폼
학습콘텐츠관리시스템 [learning contents management system(LCMS)] 2024 실기 기출	– 학습 객체를 관리하는 시스템 – LMS에 탑재될 학습 콘텐츠를 관리할 수 있는 기능을 제공함 – 관리라는 것은 학습 객체의 탑재, 수정, 삭제 등의 기본 기능을 포함함 – Moodle 및 Sakai와 같은 오픈 소스 플랫폼, Blackboard 및 Canvas와 같은 독점 시스템, Adobe Captivate Prime 및 Docebo와 같은 클라우드 기반 플랫폼 등의 여러 가지 유형이 있음
학습기술시스템 (learning technology system) 2024 실기 기출	– 이러닝 프로그램의 제공, 관리 및 통계에 사용되는 도구, 소프트웨어, 하드웨어의 집합을 말함 – 학습관리시스템(LMS), 가상 교실, 멀티미디어 저작 도구 및 평가 도구와 같은 다양한 소프트웨어 도구들이 포함됨
분산학습기술시스템 [Distributed Learning Technology System(DLTS)] 2024 실기 기출	– 서브 시스템과 다른 시스템 간에 통신하는 주요 방법 – 인터넷 · 광역 통신망을 사용하는 학습기술시스템
학습기술시스템 아키텍처 (learning technology systems architecture)	– 온라인 학습 경험을 제공하는 데 사용되는 기술 시스템의 전반적인 설계 및 구조를 의미함
가상 교실	– 전통적인 강의실 환경을 시뮬레이션하여 원격 학습자가 교수자 및 다른 학생과 실시간으로 상호 작용할 수 있도록 하는 온라인 플랫폼
웹 세미나	– 인터넷을 통해 실시간으로 제공되는 온라인 세미나 또는 프레젠테이션을 의미함
인공지능(AI)	– 자동화된 평가, 개인화된 교육 및 기타 애플리케이션을 위해 이러닝에서 사용되는 기계의 인간 지능 시뮬레이션을 의미함
저작 도구	– 시험, 퀴즈, 시뮬레이션과 같은 이러닝 콘텐츠를 생성하는 데 사용되는 소프트웨어 애플리케이션을 의미함
공개 교육 리소스(OER)	– 사용, 재사용, 수정 및 공유를 위해 자유롭게 사용할 수 있는 오픈 라이센스가 있는 공개된 교육 자료를 의미함

개인 학습 네트워크(PLN)	– 학습자가 개인 학습 목표 및 관심사를 지원하기 위해 사용하는 비공식 학습 네트워크를 의미함
웹 기반 학습 (web-based learning)	– 인터넷을 수단으로 하여 교수와 학습자 간의 배움이 이루어지는 학습 활동을 지칭함 – 원격 학습, 온라인 학습, 사이버학습, 이러닝(e-Learning) 등의 다양한 용어와 혼용하여 사용함
컴퓨터 기반 학습(CBL)	– 컴퓨터 기술을 사용하여 학습 과정을 용이하게 하는 이러닝의 한 유형을 의미함 – 학습들은 컴퓨터 프로그램, 시뮬레이션, 멀티미디어 프레젠테이션 및 기타 디지털 리소스를 사용하여 지식과 기술을 습득함
프로젝트 기반 학습	– 학습자가 지식과 기술을 개발하기 위해 다른 사람과 협력하여 실제 프로젝트 및 과제를 완료하는 교육 접근 방식
온라인 학습(on-line learning)	– 전자적 수단, 정보통신, 전파, 방송, 인공지능, 가상현실 및 증강현실 관련 기술을 활용하여 이루어지는 학습을 의미함
오프라인 학습 (off-line learning)	– 면대면(face to face) 학습을 의미함 – 강의장에서 교수자와 학습자가 만나 이뤄지는 모든 교육 방식을 의미함 – 인터넷 연결 없이 다양한 교육 자료를 사용하여 학습하는 과정을 의미함
혼합형 학습(blended learning)	– 두 가지 이상의 학습 방법이 지니는 장점을 결합하여 적절히 활용함으로써 학습효과를 극대화하기 위한 학습형태 – 면대면 교실수업과 사이버 학습 등 오프라인과 온라인 활동을 결합한 학습이 가장 대표적인 혼합형 학습임
컴퓨터 지원 협력 학습(CSCL)	– 기술을 사용하여 학습들 간의 협력 학습 활동을 지원하고 향상하는 학습 및 교육 접근 방식임 – 학습자는 온라인 토론 포럼, 그룹 채팅방, 위키 및 공동 편집 도구와 같은 컴퓨터 매개 커뮤니케이션 도구를 사용하여 공동의 학습 목표를 달성하기 위해 함께 작업함 – 학습자 간의 적극적인 참여와 소통을 촉진함
교수설계 [[instructional design(ID)]	– 교수설계는 교사와 교수개발자에 의해 수행되는 전문적인 활동임 – 특정한 학습내용이나 특정의 학습진단에 대하여 학습자의 지식과 기능면에서 기대하는 변화를 일으킬 수 있는 최적의 교수방법이 무엇인지를 결정해 나가는 과정임
학습 설계(learning design)	– 기술을 사용하여 지식, 기술 및 태도의 습득과 개발을 지원하는 학습 경험을 만드는 체계적이고 의도적인 프로세스를 의미함 – 적절한 교육 전략, 콘텐츠 및 미디어를 선택하고 효과적인 평가 및 평가를 설계하는 것이 포함됨
교수방법(instructional method)	– 이러닝의 교수법은 온라인 교육 콘텐츠를 설계하고 학습자에게 전달하는 데 사용되는 접근 방식을 의미함 – 가상 환경에서 학습 과정을 촉진하기 위해 교사가 사용하는 방법, 전략 및 기술이 포함됨 – 비동기 학습, 동기식 학습, 혼합 학습, 프로젝트 기반 학습, 게임화, 공동 학습 등의 교수방법이 있음

학습 콘텐츠(learning contents)	- 학습 경험을 위해 멀티미디어 형태로 의도적으로 제공되는 정보를 의미함
멀티미디어(multimedia)	- 여러 가지(multiple) + 매체(media)의 합성어 - 그림, 동영상, 문자, 음향 등과 같은 다양한 매체를 복합적으로 만든 장치나 소프트웨어의 형태를 말함
하이퍼미디어(hypermedia)	- 이미지, 오디오 및 비디오와 같은 다양한 유형의 디지털 콘텐츠를 비선형적인 방식으로 연결하여 대화형 학습 경험을 가능하게 하는 기술 - 유연하고 매력적인 정보 전달 방식을 제공하고, 학습자가 자신의 속도에 맞춰 콘텐츠를 탐색할 수 있기 때문에, 이러닝에서 널리 사용됨
학습 객체(learning object)	- 지식, 기술 등의 습득을 용이하게 하기 위해 이러닝에서 사용되는 디지털 자원임 - 학습 관리 시스템, 웹사이트 및 모바일 앱과 같은 다양한 학습 환경에 쉽게 통합될 수 있도록 설계됨 - 텍스트, 비디오, 오디오, 이미지, 대화형 시뮬레이션, 게임 등 기타 모든 디지털 자산이 학습 객체가 될 수 있음
학습 객체 메타데이터 (learning object metadata)	- 학습 객체를 설명하는 정보를 의미함 - 제목, 작성자, 주체, 학습 목표, 형식 및 난이도와 같은 메타데이터들이 학습 객체의 콘텐츠 정보에 포함됨 - 학습 객체 메타데이터의 목적은 사용자가 온라인 저장소나 학습 관리 시스템에서 학습 객체를 더 쉽게 검색, 접근, 재사용할 수 있도록 함
학습 자원(learning resource)	- 온라인 또는 디지털 환경에서 학습을 촉진하는 데 사용되는 모든 자료, 도구 또는 기술을 말함 - 비디오, 오디오 녹음, 대화형 게임, 시뮬레이션, 퀴즈, 전자책, 온라인 토론 포럼 등 다양한 형태로 제공될 수 있음
학습 자원 메타데이터 (learning resource metadata)	- 온라인 과정, 비디오 및 대화형 모듈과 같은 이러닝 학습 자원을 설명하는 정보를 말함 - 학습자와 교수자가 이러닝 리소스를 효과적으로 찾고 사용할 때 도움이 됨
내용전문가 [subject matter expert(SME)]	- 가르칠 내용에 대한 전문가를 의미함 - 일반적으로는 '강사'를 지칭함
멘토링(mentoring)	- 멘토는 학습자들의 학습을 보조적으로 도와주는 안내자로서의 교수자를 의미함 - 온라인 교육에서 멘토링이란 학습 시 생기는 장애들이나 문의점, 불편사항을 해소해주고 학습내용을 포함한 여러 가지 사항에 관해 학습자들을 도와주는 행위를 뜻함(예 질문게시판의 Q&A 답변 등)
시뮬레이션(simulation)	- 실험형 수업이라고도 함 - 학습자가 주어진 원 교수자료를 토대로 하여 스스로 학습을 이끌어가는 형태의 교수방법을 말함 - 지적 영역보다는 심리, 운동적 영역의 능력을 학습하는 데 적합함
서비스 지향 아키텍처 (service oriented architecture)	- SOA는 이러닝 시스템에서 일반적으로 사용되는 소프트웨어 아키텍처를 말함

문제중심학습 [problem based earning(PBL)]	– 의학, 경영학, 교육학, 건축학, 법학, 공학, 사회학을 포함하여 수많은 고등교육 분야에서 사용되고 있음 – 실제로 발생하는 문제와 상황을 중심으로 교수–학습활동을 구조화한 교육적 접근임 – 학습자들이 문제를 협력적이고 자기 주도적으로 해결해 가는 과정을 통해 내용에 대한 학습, 비판적 사고력과 협력기능을 기르도록 하는 교수학습 형태임
수행 정보	– 이러닝 학습자가 특정 학습과정 또는 프로그램에서 얼마나 잘 수행하고 있는지에 대해 수집된 데이터 및 피드백을 의미함
전자 포트폴리오	– e–포트폴리오라고도 하며, 학습자의 진행 상황, 성취도 및 학습 결과를 보여주는 디지털 아키텍트(인공 산물, 인위적인 생성물) 모음을 의미함
지식 재산권 권리 🔲 1회 필기 기출	– 지적 재산권 자산을 식별하고, 보호 및 관리하는 것을 의미함 – 온라인 코스, 교육 자료, 비디오, 소프트웨어 애플리케이션 등과 같이 교육 목적으로 사용되는 모든 형태의 디지털 콘텐츠가 포함됨
학습 경로	– 학습자에게 유연하고 개인화된 학습 여정을 안내하는 일련의 상호 연결된 과정 또는 모듈을 의미함
플립형 강의실	– 학습자가 수업 전에 영상으로 예습하여 수업 시간 동안 보다 능동적이고 협력적인 학습을 할 수 있도록 하는 교육 방식
반응형 디자인	– 다양한 장치 및 화면 크기에서 접근하고 사용할 수 있도록 설계된 이러닝 콘텐츠 및 플랫폼

13 이러닝 직종별 정의 🔲 1회 필기 기출

① **이러닝 컨설턴트** : 이러닝 사업 전체를 이해하고 이러닝 기획과 콘텐츠를 설계하고 개발할 수 있으며 시스템 개발·과정 운영 등 이러닝 사업에 대한 제안과 문제점 진단, 해결 등에 관하여 자문하며, 이러닝 직무 분야 중 하나 이상의 전문 역량과 경험을 보유한 자

② **이러닝 교수설계자** : 콘텐츠에 대한 기획력을 갖고 학습목적을 고려하여 학습 내용과 자원을 분석하고, 학습 목표와 교수 방법을 설정하여 학습 내용이 학습 목표를 달성하는 데 도움이 될 수 있도록 콘텐츠 개발의 전 과정을 진행 및 관리하는 업무에 종사하는 자

③ **이러닝 콘텐츠개발자** : 이러닝 콘텐츠에 대한 기획력을 갖고, 교수설계 내용을 이해하여, 멀티미디어 요소를 활용해서, 콘텐츠를 구현하는 역할을 수행하는 업무에 종사하는 자

④ **이러닝 영상제작자** : 이러닝 콘텐츠 구현에 필요한 교육용 영상을 기획하고, 촬영 및 편집 등을 포함한 전반적인 영상제작 관련 업무에 종사하는 자

⑤ **이러닝 시스템개발자** : 온라인 학습과 관련된 다양한 시스템에 대한 기획, 프로젝트 관리를 포함하여 학습의 운영과 관리에 필요한 소프트웨어를 설계하고 개발하는 업무에 종사하는 자

⑥ **이러닝 과정운영자** : 학습자의 학습성과를 극대화하기 위하여 교육과정에 대한 운영계획을 수립하고, 학습자와 교·강사 활동을 지원하며, 학습과 관련한 불편사항을 개선함으로써 학습목표 달성을 지원하는 업무에 종사하는 자

14 이러닝 콘텐츠 분야의 특성

① 이러닝 콘텐츠의 제작 활성화를 위한 개발·투자의 다양화

② 제작 비용이 상대적으로 높은 기술·공학 분야 등을 대상으로 공공 주도의 직업훈련 콘텐츠 공급 확대

③ 공공 민간 훈련기관, 개인 등이 개발한 콘텐츠를 유·무료로 판매·거래할 수 있는 콘텐츠 마켓 운영 확대

④ 해외 MOOC 플랫폼과 협력을 통한 글로벌 우수강좌제공 및 강좌 활용 제고를 위한 학습지원 서비스 지원

⑤ DICE(위험·어려움·부작용·고비용) 분야를 중심으로 산업 현장의 특성에 맞는 실감형 가상훈련 기술개발 및 콘텐츠 개발 추진

15 이러닝 서비스 분야의 특성

① 사용자에게 다양한 교수·학습 서비스 및 맞춤형 학습환경을 제공하는 미래형 교수학습지원 플랫폼 구축

② 학습자가 평생교육 콘텐츠를 맞춤형으로 받고 학습 이력을 통합 관리할 수 있는 '온 국민 평생 배움터' 구축

③ 양질의 온라인 직업능력개발 서비스를 위해, '공공 스마트 직업훈련 플랫폼(STEP)' 고도화

16 크리에이티브 커먼스 라이센스 1회 필기 기출

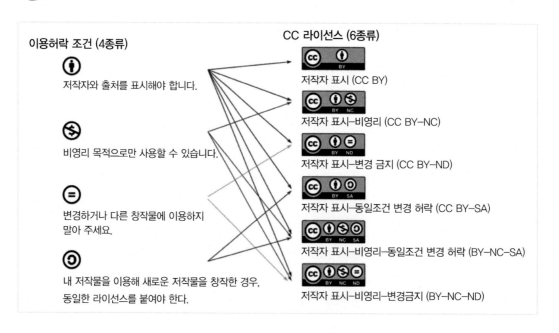

이용허락 조건 (4종류)

ⓘ 저작자와 출처를 표시해야 합니다.

ⓢ 비영리 목적으로만 사용할 수 있습니다.

⊜ 변경하거나 다른 창작물에 이용하지 말아 주세요.

ⓞ 내 저작물을 이용해 새로운 저작물을 창작한 경우, 동일한 라이선스를 붙여야 한다.

CC 라이선스 (6종류)

저작자 표시 (CC BY)

저작자 표시-비영리 (CC BY-NC)

저작자 표시-변경 금지 (CC BY-ND)

저작자 표시-동일조건 변경 허락 (CC BY-SA)

저작자 표시-비영리-동일조건 변경 허락 (BY-NC-SA)

저작자 표시-비영리-변경금지 (BY-NC-ND)

02 이러닝 기술동향 이해

01 서비스

① 학습자에게 교사나 관리자가 온라인상에서 교육과 관련된 다양한 기능을 제공하는 웹 서비스
② 학습자 관리, 강의 관리, 시간표 작성, 출결 관리, 성적 관리 등이 해당됨

02 콘텐츠

① 학습에 필요한 교재, 강의자료, 문제집 등을 말함
② 온라인상에서 다양한 형태(텍스트, 이미지, 오디오, 비디오, 시뮬레이션, 게임 등)로 제공됨

03 시스템

① 학습자와 교사가 이러닝 콘텐츠를 사용하고 관리할 수 있도록 하는 기술적인 요소
② 학습자의 학습 기록, 출결 기록, 성적 기록 등을 관리하며, 학습자들이 학습에 집중할 수 있
   도록 다양한 기능을 제공
③ 학습 관리 시스템(LMS), 가상 강의실(Virtual Classroom), 출석체크 시스템 등이 해당됨

04 인프라

① 이러닝을 위해 필요한 하드웨어, 소프트웨어, 네트워크 등
② 학습자들이 온라인상에서 콘텐츠에 접근하고, 학습에 참여할 수 있도록 지원하는 작업

05 이러닝 콘텐츠 개발의 구성요소

① **교육 설계** : 학습 목표를 정의하고, 콘텐츠를 디자인하며, 평가를 개발하여 코스를 만드는 체
   계적인 프로세스
② **콘텐츠 생성** : 이러닝에 적합한 텍스트, 이미지, 오디오, 비디오 등의 콘텐츠를 생성하는 작업
③ **멀티미디어 통합** : 비디오, 오디오, 인포그래픽, 대화형 슬라이드, 게임 및 시뮬레이션과 같은
   다양한 멀티미디어 요소를 코스에 통합하는 작업
④ **LMS(학습 관리 시스템)** : 콘텐츠를 전달하고 학습자의 진행 상황 및 평가를 모니터링하는 소
   프트웨어 애플리케이션

⑤ **접근성 및 사용성** : 이러닝 콘텐츠를 제작할 때 고려해야 하는 요소로 이를 고려하여 이러닝 콘텐츠를 개발하면 신체적 · 인지적 또는 기타 장애에 관계 없이 모든 학습자가 콘텐츠를 사용할 수 있음

⑥ **품질 보증** : 콘텐츠의 오류, 부정확성, 철자 오류, 학습자의 주의를 분산시킬 수 있는 기타 문제가 없는지 확인하는 작업

06 이러닝에 필요한 기술

학습 분석 기술, 인공지능 기술, 학습경로 추천 기술, 멀티미디어 기술, 모바일 디바이스 및 앱, 즉각적인 평가기술, 보상기술, 모바일 기술, 클라우드 기술, 인터넷 기술, 영상 제작 기술, 가상현실(VR) 기술, 증강현실(AR) 기술

07 이러닝 기술 용어

① **솔루션** : 특정 업무나 목적을 수행하기 위하여 제공되는 것들의 집합체이며, 하드웨어 · 소프트웨어 등이 복합적으로 포함될 수 있음

② **플랫폼** : 보통 시스템의 OS를 의미하며, 애플리케이션을 구동하기 위한 기술적인 기반을 말하기도 함

③ **소프트웨어** : 문제 해결 목적에서는 솔루션과 같지만, PC나 서버에서 구동되는 프로그램을 의미함

④ **시스템** : 보통 하드웨어를 뜻하지만 경우에 따라서 솔루션이나 소프트웨어를 지칭하기도 함

⑤ **LMS(Learning Management System)** : 학습관리시스템으로, 학습자들의 학습 프로세스를 관리하고 추적하는 시스템 💡1회 필기 기출

⑥ **LCMS(Learning Content Management System)** : 학습 콘텐츠 관리 시스템으로, 학습 콘텐츠를 생성 · 관리 · 배포하는 데 사용되는 시스템 💡1회 필기 기출

⑦ **CMS(Content Management System)** : 웹사이트나 애플리케이션 등의 콘텐츠를 관리하는 시스템, 이러닝에서는 학습 콘텐츠를 관리하는 데 사용됨

⑧ **SCORM(Sharable Content Object Reference Model)** : 학습 콘텐츠를 다양한 LMS나 LCMS에서 사용하기 위한 국제 표준

⑨ **xAPI(Experience API)** : 학습자의 학습 경험을 추적하고 분석하는 데 사용되는 국제 표준
💡1회 필기 기출

⑩ **Gamification** : 학습 콘텐츠에 게임 요소를 추가하여 학습자들의 참여와 학습 동기 부여를 높이는 학습 방법

⑪ Microlearning : 5분 이내의 짧은 시간 동안 1~2개의 주제를 담아서 학습할 수 있도록 제작한 작은 용량의 콘텐츠를 활용하여 학습하는 방법

⑫ MOOC(Massive Open Online Course) : 대규모 온라인 강좌, K-MOOC는 한국의 MOOC 과정을 의미

⑬ 화면 속 화면(Picture-in-picture, PiP) 💡1회 필기 기출
  - 어떤 화면에 다른 화면이 동시에 같이 올라가서 구현되는 것
  - 두 개 이상의 영상 소스를 한 화면에 띄워 송출하는 방식
  - 소리의 경우 메인 프로그램의 소리만 들리는 것이 보통임
  - 모바일에서도 멀티 윈도우 및 팝업 화면을 지원함

⑭ LRS(Learning Record Store) : xAPI 형태로 축적된 빅데이터 트래킹 정보를 DSL(Domain Specific Language)를 정의하고 이를 통해 빅데이터에 대한 복합조회 및 다형성 결과 도출을 위한 Query Langauage를 지원하는 시스템. 데이터를 저장하는 공간. 학습 경험의데이터가 쌓임. 성과와 학습의 상관관계를 밝힐 수 있음 💡1회 필기 기출

03 이러닝 법제도 이해

01 원격훈련의 법제도 근거

① **사업주 직업능력개발훈련 지원 규정** : "고용보험법" 및 동법 시행령, "국민평생직업능력개발법" 및 동법 시행령에 따라, 사업주가 실시하는 직업능력개발훈련과정의 인정 및 비용지원 등에 필요한 사항을 규정한 것

② **직업능력개발훈련시설의 인력, 시설 · 장비 요건에 관한 규정** : 직업능력개발훈련시설의 설립요건 및 운영에 필요한 사항 등을 규정함을 목적으로 제정한 것

③ **직업능력개발훈련 모니터링에 관한 규정** : 직업능력개발훈련 사업의 모니터링에 필요한 사항을 규정한 것

02 원격훈련의 개념

① **인터넷 원격훈련** : 정보통신매체를 활용하여 훈련이 실시되고 훈련생관리 등이 웹상으로 이루어지는 원격훈련

② **스마트훈련** : 위치기반서비스, 가상현실 등 스마트 기기의 기술적 요소를 활용하거나 특성화된 교수방법을 적용하여 원격 등의 방법으로 훈련이 실시되고 훈련생관리 등이 웹상으로 이루어지는 훈련

③ **우편 원격훈련** : 인쇄매체로 된 훈련교재를 이용하여 훈련이 실시되고 훈련생관리 등이 웹상으로 이루어지는 원격훈련 💡 1회 필기 기출

④ **혼합훈련** : 집체훈련, 현장훈련 및 원격훈련 중에서 두 종류 이상의 훈련을 병행하여 실시하는 직업능력개발훈련

03 학점은행제도

① 「학점인정 등에 관한 법률」에 의거한 제도
② 학교뿐만 아니라 학교 밖에서 이루어지는 다양한 형태의 학습과 자격을 학점으로 인정
③ 학점이 누적되어 일정 기준을 충족하면 학위취득을 가능하게 함으로써 궁극적으로 열린 교육 사회, 평생학습 사회를 구현하기 위한 제도
④ 1995년 5월, 대통령 직속 교육개혁위원회가 열린 평생학습사회의 발전을 조성하는 새로운 교육체제에 대한 비전을 제시하면서 학점은행제를 제안함
⑤ 1998년 3월부터 시행하게 됨
⑥ 학점은행제 이용 대상은 고등학교 졸업자나 동등 이상의 학력을 가진 사람들임

04 원격교육에 대한 학점인정 기준의 세부 내용 💡 1회 필기 기출 [2024 실기 기출]

① **수업일수** : 출석수업을 포함하여 15주 이상 지속되어야 함. 고등교육법 시행령에 의한 시간제등록제의 경우에는 8주 이상 지속되어야 함
② 원격 콘텐츠의 순수 진행시간은 25분 또는 20프레임 이상을 단위시간으로 하여 제작되어야 함
③ 학업성취도 평가는 학사운영플랫폼 또는 학습관리시스템 내에서 엄정하게 처리하여야 하며, 평가 시작시간, 종료시간, IP주소 등의 평가근거는 시스템에 저장하여 4년까지 보관하여야 함
④ 원격교육의 비율은 다음 각 호의 범위에서 운영하여야 한다.
   - 원격교육기관 : 수업일수의 60% 이상 (실습 과목은 예외)
   - 원격교육기관 외의 교육기관 : 수업일수의 40% 이내
   - 고등교육법 시행령에 의한 시간제 등록생만을 대상으로 하는 수업 : 수업 일수의 60% 이내

05 이러닝(전자학습) 산업 발전 및 이러닝 활용 촉진에 관한 법률 💡 1회 필기 기출

① **이러닝** : 전자적 수단, 정보통신, 전파, 방송, 인공지능, 가상현실 및 증강현실 관련 기술을 활용하여 이루어지는 학습 2024 실기 기출

② **이러닝콘텐츠** : 전자적 방식으로 처리된 부호·문자·도형·색채·음성·음향·이미지·영상 등의 이러닝과 관련된 정보나 자료

③ **이러닝산업의 정의**
- 이러닝콘텐츠 및 이러닝콘텐츠 운용소프트웨어의 연구·개발·제작·수정·보관·전시 또는 유통하는 업
- 이러닝의 수행·평가·자문과 관련된 서비스업
- 그 밖에 이러닝을 수행하는 데 필요하다고 대통령령이 정하는 업

④ 산업통상자원부는 다음과 같은 사항을 심의 및 의결하기 위하여 이러닝진흥위원회를 두도록 함
- 기본계획의 수립 및 시행계획의 수립·추진에 관한 사항
- 이러닝산업 발전 및 이러닝 활용 촉진 정책의 총괄·조정에 관한 사항
- 이러닝산업 발전 및 이러닝 활용 촉진 정책의 개발·자문에 관한 사항
- 그 밖에 위원장이 이러닝산업 발전 및 이러닝 활용 촉진에 필요하다고 인정하는 사항

⑤ 이러닝진흥위원회는 위원장 1명과 부위원장 1명을 포함하여 20명 이내의 위원으로 구성하되, 위원장은 산업통상자원부차관 중에서 산업통상자원부장관이 지정하는 사람이 됨

⑥ 이러닝진흥위원회의 부위원장은 교육부의 고위공무원단에 속하는 일반직공무원 또는 3급 공무원 중에서 교육부장관이 지명하는 사람이 됨

Chapter 02 이러닝 콘텐츠의 파악

01 이러닝 콘텐츠 개발요소 이해

01 이러닝 콘텐츠 개발 자원

전문가의 지식, 교수설계자 및 디자이너, 문서화 도구, 그래픽 디자인 도구, 멀티미디어 도구, 콘텐츠 관리 시스템등의 자원이 필요함

02 이러닝 콘텐츠 제작 순서 `1회 필기 기출`

목표 설정 → 콘텐츠 설계 → 콘텐츠 개발 → 피드백 및 평가 → 배포 및 관리

03 이러닝 개발 장비

컴퓨터, 그래픽 태블릿, 디지털 카메라, 마이크, 이어폰, 스크린 레코더, 테스트 장비 등이 있음

04 이러닝 개발 장비의 특장점

① **컴퓨터** : 다양한 형식 지원, 쉬운 수정과 업데이트, 인터랙티브한 콘텐츠 제작 가능, 다양한 미디어 활용, 비용 절감, 시간 절약

② **그래픽 태블릿** : 직관적인 제작 환경, 다양한 그리기 도구 제공, 다양한 포맷 지원, 이동성과 자유로운 표현, 빠른 제작 속도

③ **디지털 카메라** : 고화질 이미지 촬영 기능, 다양한 촬영 모드 제공, 다양한 렌즈 선택 가능, 다양한 포맷 지원, 이동성, 빠른 제작 속도, 쉬운 편집 기능

④ **마이크** : 음성 신호를 정확하게 수집, 자연스러운 음질 제공, 다양한 종류의 마이크, 노이즈 제거 기능, 이동성, 쉬운 연결, 편리한 조작이 가능

⑤ **이어폰** : 개인 학습환경 제공, 뛰어난 음질, 편리한 이동성, 다양한 종류의 이어폰, 노이즈 제거 기능, 쉬운 연결, 편리한 조작

⑥ **스크린 레코더** : 화면 녹화, 음성 녹음, 마우스 포인터 및 키 입력 녹화, 다양한 포맷 지원, 편리한 조작, 쉬운 연결, 높은 화질

⑦ **테스트 장비** : 다양한 종류의 테스트 장비(모바일 디바이스, 테블릿, 노트북, PC 등), 다양한 운영 체제 지원(Windows, Mac OS, Android, iOS 등), 안정적인 테스트 환경 제공

05 스크린캐스트(screencast) 💡1회 필기 기출

① 컴퓨터 화면 출력의 디지털 녹화를 의미함. 비디오 스크린 캡처라고도 함

② **스크린샷과의 차이점**

- **스크린샷** : 컴퓨터의 한 화면의 모습을 그대로 저장한 이미지
- **스크린캐스트** : 시간의 경과에 따른 화면에 나타나는 모습을 그대로 저장하여, 영상과 소리를 녹취함

06 이러닝 개발 산출물 💡1회 필기 기출

학습 목표 및 교육 계획서, 학습흐름도, 스토리보드, 동영상, 기술 문서, 평가 및 피드백 산출물

07 데일의 경험의 원추모형 💡1회 필기 기출

① 1946년에 에드거 데일(Edgar Dale)이 제시한 개념으로 사실주의에 근거함

② 시청각 교재를 구체성과 추상성에 따라 분류함

③ 원추의 꼭대기로 올라갈수록 짧은 시간 내에 더 많은 정보와 학습내용 전달이 가능하나, 추상성이 높아짐

④ Bruner가 분류한 직접적 목적적 경험, 영상을 통한 경험, 상징적 경험과 일치함

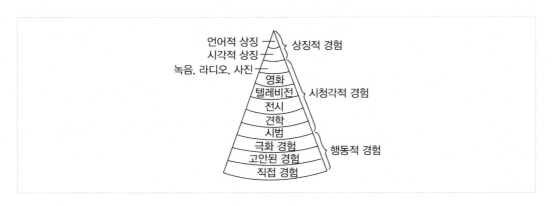

02 이러닝 콘텐츠 유형별 개발방법 이해

01 학습 내용의 유형

원리이해, 기능습득, 응용실습, 과제수행 및 문제해결

02 이러닝 콘텐츠의 유형별 특징 [2024 실기 기출]

유형	콘텐츠 특징
개인교수형	모듈 형태의 구조화된 체계 내에서 교수자가 학습자를 개별적으로 가르치는 것처럼, 컴퓨터가 학습내용을 설명, 안내하고 피드백을 제공하는 유형
반복연습용	학습 내용의 숙달을 위해 학습자들에게 특정 주제에 관한 연습 및 문제 풀이의 기회를 반복적으로 제공해주는 유형
동영상 강의용	특정 주제에 관해 교수자의 설명 중심으로 이루어진 세분화된 동영상을 제공하여 학습을 수행하는 유형
정보제공형	특정 목적 달성을 의도하지 않고 다양한 학습활동에 활용할 수 있도록 최신화된 학습정보를 수시로 제공하는 유형
교수게임형	학습자들이 교수적 목적을 갖고 개발된 게임 프로그램을 통해 엔터테인먼트를 즐기는 것과 동시에 몰입을 통한 학습이 이루어지도록 하는 유형
사례기반형	학습 주제와 관련된 특정 사례에 기초하여 해당 사례를 둘러싸고 있는 다양한 관련 요소들을 파악하고 필요한 정보를 검색 수집하며 문제해결 활동을 수행하는 유형
스토리텔링형	다양한 디지털 정보로 제공되는 서사적인 시나리오를 기반으로 하여 이야기를 듣고 이해하며 관련 활동을 수행하는 형태로 학습이 진행되는 유형
문제해결형	문제를 중심으로, 주어진 문제를 인식하고 가설을 설정한 뒤 관련 자료를 탐색·수집하여 가설을 검증하고 해결안이나 결론을 내리는 형태로 학습이 진행되는 유형

03 학습 내용의 순서를 결정하는 요소

유형	콘텐츠 특징
주제	학습 내용을 주제별로 분류한 후 순서를 정해서 제시한다.
시간적 순서	특정한 시간적 순서로 개념이나 역사적 사실을 제시한다.
프로세스 순서	실제로 일을 수행하는 프로세스 순서에 따라 학습내용을 제시한다.
잘 알려진 사실	잘 알려진 사실이나 정보를 먼저 제시하고 잘 알려지지 않은 것은 나중에 제시한다.
단순하거나 쉬운 것	단순하거나 쉬운 것을 먼저 제시하고 복잡하거나 어려운 것을 나중에 제시한다.
일반적인 내용	일반적인 내용을 먼저 제시하고 특수한 내용을 나중에 제시한다.
전체적인 개요	전체적인 개요를 먼저 제시하고 그와 관련된 개별적 내용을 순차적으로 제시한다.
개별적 내용	전체를 구성하는 개별적 내용을 먼저 제시하고 나중에 전체적인 개요를 제시한다.

04 학습 흐름 설정

도입, 학습(강의), 학습(활동), 마무리

05 콘텐츠 유형별 개발 특성

① **개인교수형** : 학습자에게 개인 맞춤형 학습 경험을 제공하는 것이 특징임 `2024 실기 기출`

② **반복연습용** : 학습자가 특정한 기술이나 지식을 습득하기 위해 반복적으로 연습할 수 있는 기회를 제공하는 것이 특징임

③ **동영상 강의용** : 시각적인 자료를 제공하여 학습자들이 보다 쉽게 학습 내용을 이해할 수 있도록 돕는 것이 특징임

④ **정보제공형** : 학습자들에게 특정한 정보를 습득할 수 있는 기회를 제공하는 것이 특징임

⑤ **교수게임형** : 게임의 재미와 학습의 효과를 결합하여 학습자들이 보다 즐겁게 학습할 수 있도록 돕는 것이 특징임

⑥ **사례기반형** : 학습자들이 실제 상황에서 발생할 수 있는 문제를 해결하는 데 필요한 지식과 기술을 습득할 수 있도록 돕는 것이 특징임

⑦ **스토리텔링형** : 이야기를 통해 학습자들이 특정한 주제나 개념을 이해하고 습득할 수 있도록 돕는 것이 특징임

⑧ **문제해결형** : 학습자들이 실제 문제를 해결하는 데 필요한 지식과 기술을 습득할 수 있도록 돕는 것이 특징임

06 콘텐츠 유형별 서비스 환경 및 대상

① **개인교수형** : 주요 대상은 특정 분야의 전문 지식이나 기술을 습득하고자 하는 사람들임

② **반복연습용** : 주로 언어 학습, 수학, 과학 등의 학습 분야에서 사용됨

③ **동영상 강의용** : 대학생, 직장인 등 다양한 연령층과 직업군에게 적용됨

④ **정보제공형** : 주로 독학을 원하는 학습자나 일반 대중을 대상으로 함(예 요리, 여행, 건강, 특정 분야의 업무 기술 등의 정보를 제공)

⑤ **교수게임형** : 게임을 통해 학생들이 학습하면서 놀이를 즐길 수 있는 학습 방법이므로, 초 · 중 · 고 학생들이 주요 대상임

⑥ **사례기반형** : 주요 대상은 업무 역량을 강화하고자 하는 직장인들이나 전문 분야에 대한 지식 습득을 원하는 학생들임

⑦ **스토리텔링형** : 주요 대상은 문화, 역사, 인문학 등에 관심이 있는 일반인이나 학생들임 `1회 필기 기출`

⑧ **문제해결형** : 업무 역량을 강화하고자 하는 직장인들이나 전문 분야에 대한 지식 습득을 원하는 학생들임

03 이러닝 콘텐츠 개발환경 파악

01 이러닝 콘텐츠 개발 절차: 4단계

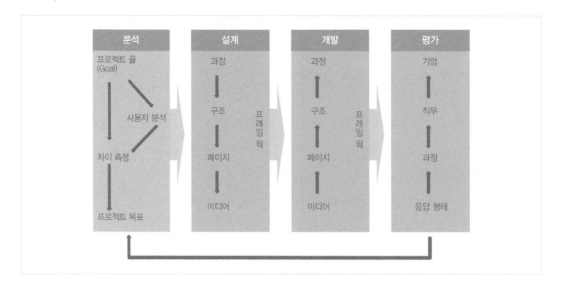

02 이러닝 콘텐츠 개발 절차: 5단계(ADDIE 모형) [2024 실기 기출]

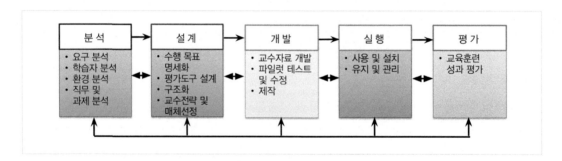

03 개발 절차별 가이드 라인

	추진 내용	추진 일정(週)						산출물
분석, 설계 단계	요구분석 정리							
	설계 전략 및 아이디어 검토							
	원고 집필 및 검토							
	스토리보드 작성 및 검토							스토리보드
	프로토타입 개발							프로토타입

제작 단계	디자인 & HTML				개발물 소스	
	Multimedia 제작					
테스트	수정 및 보완					
결과물	콘텐츠 & 과정개요서				소스파일, 과정개요서	
LMS 포팅						

04 개발 인력 및 역할

① 프로젝트 매니저(Project Manager)
- 실무를 담당하는 총 책임자를 의미함
- 지정된 시간에 한정된 비용을 가지고 프로젝트를 이끄는 사람을 의미하기도 함

② 주제전문가(SME ; Subject Matter Expert)
- 특정 업무분야에 해박한 지식을 가지고 있으면서, 그 지식을 타인에게 전달할 수 있는 능력을 가진 사람을 의미함

③ 교수 설계자(Instructional Designer) 💡 1회 필기 기출
- 주제전문가의 내용을 교육적인 의도를 가지고 개발물을 설계하는 사람을 의미함
- 내용과 개발의 중간적 위치에 있다고 볼 수 있음

④ 저작자(Writer)
- **역할 1** : 콘텐츠에 표현된 문구나 내용이 학습자에게 쉽고 명확하게 전달되는 것을 책임 짐(교수설계자가 스토리보딩한 작업을 바탕으로 학습 대상의 나이, 성별, 직위 등 여러 변수조건을 감안하여 적절한 문체를 만들어 내는 것)
- **역할 2** : 콘텐츠의 외국어화 프로젝트를 진행할 경우 현지인(외국인)의 문화와 환경에 맞는 문제로 바꾸는 전문적인 작업을 수행함

⑤ 그래픽 디자이너(Graphic artist)
- 콘텐츠나 시스템의 화면 디자인을 담당하는 사람

⑥ 프로그래머(Programmer)
- 멀티미디어 아티스트가 만들어 놓은 미디어들을 바탕으로 교수 설계자가 만든 스토리보드에 따라 프로그래밍 작업을 하는 사람

⑦ 영상 제작자(Audiovisual Producers)
- 스토리보드를 바탕으로, 실제 제작·촬영·편집 등의 일을 총괄함

⑧ 품질 관리자(Quality Reviewers)
- 기술적으로는 버그나 오류를 발견하는 일을 하며 기술적인 조언도 수행함

05 개발 범위 결정 요소

학습 목표, 학습 대상자, 콘텐츠 유형, 학습 방법, 개발 기간과 예산

06 개발 공간

① **물리적 공간** : 개발자들이 이러닝 콘텐츠를 개발하는 공간
② **가상 공간** : Google Drive, Trello, Slack 등의 협업 툴

07 개발 이론

① 켈러(Keller)의 ARCS 동기 이론 💡 1회 필기 기출
- 학습동기를 유발하는 변인을 동기이론 모형의 네 가지 요소인 주의력(A), 관련성(R), 자신감(C), 만족감(S)으로 분류하고 수업에 있어서 체계적인 동기 전략의 필요성을 주장함
- 4가지 요소 ┃2024 실기 기출┃
  • **주의집중(Attention)** : 학습자의 흥미를 사로잡거나 학습에 대한 호기심을 유발하는 것
  • **관련성(Relevance)** : 학습자의 필요와 목적에 수업을 맞추는 것
  • **자신감(Confidence)** : 학습자가 자신의 통제 하에 스스로 성공할 수 있다고 느끼고 믿도록 도와주는 것
  • **만족감(Satisfaction)** : 내재적, 외재적 보상을 통해 성취를 강화해 주는 것
- ARCS 모형의 요소에 따른 동기 유발 · 유지 전략

동기 요소		동기 유발 · 유지를 위한 전략
주의 (Attention)	지각적 주의 환기	– 시청각 매체의 활용 – 비일상적인 내용이나 사건 제시 – 주의 분산과 자극 지양
	인식적 주의 환기	– 능동적 반응 유도 – 문제해결 활동의 구상 장려 – 신비감의 제공
	다양성	– 간결하고 다양한 교수형태 사용 – 일방적 교수와 상호작용적 교수의 혼합 – 교수자료의 변화 추구 – 목표–내용–방법의 기능적 통합
관련성 (Relevance)	친밀성	– 친밀한 인물 혹은 사건의 활용 – 구체적이고 친숙한 그림의 활용 – 친밀한 예문 및 배경지식의 활용

자신감 (Confidence)	목적 지향성	– 실용성에 중점을 둔 목표 제시 – 목적 지향적인 학습형태 활용 – 목적의 선택 가능성 부여
	필요나 동기의 부합성	– 다양한 수준의 목적 제시 – 학업성취 여부의 기록체제 활용 – 비경쟁적 학습 상황의 선택 가능 – 협동적 상호학습 상황 제시
	학습 필요조건 제시	– 수업의 목표와 구조의 제시 – 평가기준 및 피드백의 제시 – 선수 학습능력의 판단 – 시험의 조건 확인
	성공의 기회 제시	– 쉬운 것에서 어려운 것으로 과제 제시 – 적정한 수준의 난이도 유지 – 다양한 수준의 시작점 제공 – 무작위의 다양한 사건 제시 – 다양한 수준의 난이도 제공
	개인적 통제감	– 학습의 끝을 조절할 수 있는 기회 제시 – 학습속도 조절 가능 – 원하는 학습부분으로 재빠른 회귀 가능 – 선택 가능하고 다양한 과제와 난이도 제공 – 노력이나 능력에 성공 귀착
만족감 (Satisfaction)	자연적 결과 강조	– 연습문제를 통한 적용의 기회 제공 – 후속 학습상황을 통한 적용의 기회 제공 – 모의상황을 통한 적용의 기회 제공
	외적 보상 강조	– 적절한 강화계획의 활용 – 의미 있는 강화의 제공 – 정답을 위한 보상 강조 – 외적 보상의 사려 깊은 사용 – 선택적 보상체제 활용
	공정성 강조	– 수업목표와 내용의 일관성 유지 – 연습과 시험 내용의 일치

② 비고츠키의 근접발달영역과 인지발달이론 💡 1회 필기 기출

– 근접발달영역 내에서 학습이 일어나는 과정은 4단계로 구분할 수 있다.
   • 1단계 : 타인의 도움을 받거나 모방하는 단계, 과제에 대한 책임감을 갖고 상호작용을 통해 이해하고 수행
   • 2단계 : 학습자 스스로 과제를 수행하는 단계, 학습자 수준 내에서 자기주도성을 시도하는 과도기적 단계
   • 3단계 : 지식을 내면화하고 자동화하는 단계, 타인의 도움 없이 무의식적이고 자기주도적인 학습활동이 자유로움

• 4단계 : 탈자동화 단계, 새로운 능력의 발달을 위해 근접발달영역 순환 과정

– 비계설정(Scaffolding) : 근접발달영역 내에서 학습자에게 적절한 도움을 주는 것을 말함, 학습자가 주어진 과제를 잘 수행할 수 있도록 교사나 유능한 또래가 도움을 제공하는 것

③ 가네(Gagné)의 9가지 수업사태(Events of instruction) 💡 1회 필기 기출

학습자의 내적 과정	수업사태	행동사례
주의집중	1. 주의집중 획득	갑자기 자극을 변화시킨다.
기대	2. 학습자에게 목표제시	학습자에게 학습 후 수행할 수 있게 되는 것이 무엇인지를 알려준다.
장기기억 재생	3. 선수학습의 회상	이전에 학습한 지식이나 기능을 회상시킨다.
선택적 지각	4. 자극 제시	변별적 특성을 갖는 내용을 제시한다.
부호화	5. 학습안내 제공	유의미한 조직을 제시한다.
재생·반응	6. 학습자 수행 유도	학습자가 수행하도록 요구한다.
강화	7. 피드백 제공	정보적 피드백을 제공한다.
인출·강화	8. 수행 평가	피드백과 함께 학습자에게 추가적인 수행을 요구한다.
일반화	9. 파지와 전이 증진	다양한 연습과 시간적인 간격을 두고 재검토한다.

④ 글레이져(Glaser)의 수업과정 모형 💡 1회 필기 기출   2024 실기 기출

– 수업과정 : ① 수업목표 → ② 출발점 행동 → ③ 수업절차 → ④ 성취도 평가

– 각 단계별 내용

• 수업목표 : 수업목표는 관찰, 측정, 기술이 가능한 것으로 세분화함, 특정한 수업이 끝났을 때 학생들이 보여줄 수 있는 성취, 즉 도착점 행동으로 기술함

• 출발점 행동 : 수업목표가 설정되면 이 수업목표에 관련된 학생들의 학습수준이 어느 정도 되는지를 진단함

• 수업절차 : 학습지도의 장면을 말하는 것, 이 단계에서는 학습지도 방법과 형성평가에 의한 교정학습이 중요함

• 성취도 평가 : 수업절차가 끝난 다음에는 설정된 수업목표에 근거하여 학습성과를 평가함. 도착점 행동의 성취여부를 알아보는 것임

⑤ 블룸(Benjamin Bloom)의 교육목표 6단계   2024 실기 기출

1. 기억하기(Remembering) : 학습한 용어나 개념 등을 기억하는 단계, 사실이나 기억된 정보를 회상하기

2. 이해하기(Understanding) : 개념이나 이론을 설명할 수 있는 단계, 문자나 그래픽 등의 자료에서 의미를 구성하기

3. **적용하기(Applying)** : 절차를 실행하거나 기본 전략을 수행하는 단계, 학습한 지식을 실생활에서 활용하기

4. **분석하기(Analyzing)** : 학습한 개념이나 이론을 파악하여 다른 것들과 관계를 파악할 수 있는 단계, 각 내용을 조직하여 관점을 정하거나 의미를 드러내기

5. **평가하기(Evaluating)** : 자료나 산출물, 학습한 내용의 가치를 기준에 따라 판단하는 단계

6. **창조하기(Creating)** : 학습한 지식을 새로운 것으로 발전시키는 단계, 흩어져 있던 요소들을 결합하여 새로운 것을 창안하기

⑥ **버지(Berge)가 제시한 원격교육 시 교수자의 역할** ［2024 실기 기출］

－ **교수적 역할** : 학습자가 주어진 학습목표를 달성할 수 있도록 도와주는 지적 활동
  - 학습활동에 대한 명확한 목표 제시
  - 학습동기 유발 및 격려
  - 토론 주제나 관련 내용에 대한 설명 제공
  - 토론 촉진, 다각적 사고 유발
  - 학습자의 질문에 대한 답변, 학습내용에 대한 부연설명

－ **사회적 역할** : 친근하고 우호적인 환경 조성, 집단에의 소속감이나 유대감 형성
  - 학습자들에게 자신을 소개할 수 있는 기회 제공
  - 친근한 분위기 조성(이모티콘의 사용, 개인적인 안부)
  - 모범적인 참여 행동에 대한 칭찬

－ **관리적 역할(행정적 역할)** : 과제나 학습활동을 조직하고 관리하는 활동
  - 학습활동의 절차와 일정을 안내
  - 토론과 과제의 양을 적절하게 조정
  - 학습활동 참여에 관한 개별적인 피드백 제공
  - 토론 시 모든 학습자들이 골고루 참여할 수 있도록 유도

－ **기술적 역할** : 학습자가 컴퓨터 시스템과 소프트웨어를 어려움 없이 사용할 수 있도록 도와주는 활동
  - 시스템 사용방법에 관한 매뉴얼을 제공
  - 기술상의 문제 발생 시 즉각적인 도움 제공
  - 기술지원 담당자를 지정하여 학습자 지원
  - 학습활동에 필요한 각종 게시판 개설

Chapter 03 학습시스템 특성 분석

01 학습시스템 이해

01 이러닝 학습시스템 유형 💡 1회 필기 기출

① **비동기식 학습시스템** : 강의 영상을 온라인으로 제공하는 강의 사이트나, 학습자들에게 교재와 과제를 제공하는 학습 관리 시스템(LMS)

② **동기식 학습시스템** : 원격 수업, 웹 기반 실시간 토론 시스템

02 학습관리시스템(LMS)과 학습콘텐츠관리시스템(LCMS) 비교 〔2024 실기 기출〕

구분	학습관리시스템(LMS)	학습콘텐츠관리시스템(LCMS)
주 사용자	튜터/강사, 교육담당자	콘텐츠개발자, 교수설계자, 프로젝트 관리자
관리 대상	학습자	학습콘텐츠
수업(학습관리)	O	X
학습자 지원	O	O
학습자 데이터 보존	O	X
학습자 데이터 ERP 시스템과 공유	O	X
일정 관리	O	O
기술 격차분석을 통한 역량 맵핑 제공	O	O(일부 가능)
콘텐츠 제작 가능성	X	O
콘텐츠 재활용	X	O
시험문제 제작 및 관리	O	O
콘텐츠 개발 프로세스를 관리하는 작업 도구	X	O
학습자 인터페이스 제공 및 콘텐츠 전송	X	O

03 관리자 모드, 학습자 모드, 교·강사 모드

① **관리자 모드** : 학습자 관리, 과정 정보, 이러닝 콘텐츠 관리, 설문 관리, 평가 관리, 수강신청, 수강승인 처리, 진도율 현황, 과정별 게시판, 수료처리, 과정별 교육결과, 학습자별 교육결과, 설문결과 확인, 평가결과 확인 기능이 있음

② **학습자 모드** : 강의 수강, 학습 일정 확인, 과제 제출, 퀴즈 응시, 시험 응시, 학습 이력, 출석 기록, 시험 결과 등을 확인할 수 있음

③ **교·강사 모드** : 강의 등록, 강의 자료 업로드, 과제 출제, 퀴즈 출제, 시험 출제 등의 기능이 있음

04 학습시스템 구조

① **사용자 관리** : 사용자 계정 생성, 사용자 정보 수정, 비밀번호 변경 기능

② **콘텐츠 관리** : 콘텐츠 업로드, 수정, 삭제, 공유 기능

③ **학습 관리** : 학습 일정, 과제, 퀴즈, 시험 기능

④ **보고서 생성 관리** : 학습 이력, 출석, 시험결과 등을 기록하고, 이를 바탕으로 보고서를 생성함

05 학습시스템 요소 기술

① **웹 기술** : HTML, CSS, JavaScript, 웹 서버·데이터베이스설정·관리

② **데이터베이스 기술** : 데이터베이스 설계, SQL, 데이터베이스 관리, 데이터베이스 성능 최적화, 대용량 데이터 처리 기술

③ **학습 콘텐츠 제작 기술** : 콘텐츠 디자인, 멀티미디어 개발, 시뮬레이션 개발, 게임 개발, 저작권 관리

④ **보안 기술** : 암호화 기술, 인증 및 접근 제어 기술, 네트워크 보안 기술, 무결성 검증 기술, 보안 관리 기술

⑤ **인공지능 기술** : 강화 학습·분산 학습·전이 학습 등으로 구성되는 머신러닝 기술, 인공 신경망·딥러닝 알고리즘·자동 추출 기술·분산 학습 기술·자기 학습 기술 등으로 구성되는 딥러닝 기술

02 학습시스템 표준 이해

01 이러닝 표준화의 목적 🔘1회 필기 기출 2024 실기 기출

① **재사용 가능성(Reusability)** : 기존 학습 객체 또는 콘텐츠를 학습 자료로서 다양하게 응용하여 새로운 학습 콘텐츠를 구축할 수 있는 특성

② **접근성(Accessibility)** : 원격지에서 학습자료에 쉽게 접근하여 검색하거나 배포할 수 있는 특성

③ **상호운용성(Interoperability)** : 서로 다른 도구 및 플랫폼에서 개발된 학습 자료가 상호 간에 공유되거나 그대로 사용될 수 있는 특성

④ **항구성(durability)** : 한번 개발된 학습 자료는 새로운 기술이나 환경변화에 큰 비용부담 없이 쉽게 적응될 수 있는 특성

02 이러닝 표준 분야

① **서비스 표준** : SOAP, REST 등이 있음

② **데이터 표준** : IMS Learner Information Package, 학습자 학습 기록을 위한 IMS Caliper Analytics 등이 있음

③ **콘텐츠 표준** : SCORM, AICC, xAPI 등이 있음

03 이러닝 표준화 기관 동향

① ISO/IEC JTC1 SC36 개요

- 국제표준화기구(International Organization for Standardization; ISO)는 1947년 설립된 비정부간 기구
- 지적 분야, 과학적 분야, 기술적 분야, 경제적인 활동 분야에서 국제적인 협력을 증진하고자 설립된 기관
- ISO의 분과위원회들 중 정보기술에 대한 국제표준화를 목적으로 하는 JTC1(Join Technical committee)의 하위위원회인 SC36은 1999년 한국에서 개최되었던 제14차 JTC1 연차회의의 결의안에 따라 설립됨
- SC36에서는 '교육정보와 관련된 표준으로서 교육 대상은 개인·기관·조직 등 어떠한 사용자 주체를 포함할 수 있어야 하며, 교육자원이나 교육도구의 재사용성과 상호운용성을 가능하게 해야 한다는 것'을 범위로 설정함

② IMS Global Learning Consortium

- 1997년 EduComNLII(NATional learning infrastructure Initiative)로부터 시작된 기업체와 연구기관, 정부기관들 사이의 합동 프로젝트
- 교육 자료의 위치와 사용, 학습과정 추적 등의 교육 관련 서비스들이 상호운용성을 가질 수 있도록 교육 분야 자료의 기술을 위한 메타데이터 및 기술적(Technical) 측면의 요구 사항들을 연구·개발하여 널리 보급하는 전 세계적 협회 조직
- IMS Global에서 발표하는 명세서는 세계적인 표준안이라고 할 수 있음

③ IEEE/LTSC

- IEEE는 1880년대 초에 설립된 미국전기학회(AIEE: American Institute of Electrical Engineers)와 1912년에 설립된 무선학회(IRE: Institute of Radio Engineers)가 1963년에 현재의 명칭과 조직으로 합병하여 설립
- 정보 분야(Information Technology)의 학습 기술 표준화 위원회(LTSC, Learning Technology Standardization Committee)에서는 다양한 학습기술과 관련된 표준을 제정하고 있음
- 과거 IEEE/LTSC는 이러닝 콘텐츠를 이러닝 국제 표준으로 제시된 SCORM 표준으로 만드는데 중요한 역할을 함

④ ADL

- ADL(Advanced Distributed Learning)은 미국 국무부와 백악관 과학기술 정책국에 의해 1997년 조직됨
- 차세대 분산학습 시스템 위원회인 ADL은 교육 훈련의 현대화와 정보통신 기술의 사용에 필요한 전략을 개발
- 콘텐츠 재사용성, 접근성, 지속성, 상호운용성 등 학습 콘텐츠를 개발하는 필요 요건을 제시
- SCORM(Sharable content Object Reference Model) 규격은 국제 표준으로 적용되고 있으며, 이는 AICC, IEEE, IMS의 규격을 활용하여 표준화를 이끌어낸 규격이라 할 수 있음
- SCORM은 교육콘텐츠를 기능별 모듈로 나누어 개발함으로써 재사용과 공유가 가능하도록 표준화시킨 모델
- 도구와 플랫폼이 다른 학습 환경에서도 상호 호환성과 콘텐츠 재사용, 유지보수 비용 절감의 장점을 가진다는 특징이 있음

⑤ CEN

- ISSS(Information Society Standardization Systems)는 유럽의 기술표준화 위원회인 CEN(European Committee for Standardization)에 의해 1997년 창설됨
- CEN/ISSS는 전자기술과 통신 분야를 제외한 영역의 표준화를 선도하는 유럽의 3대 기구 중의 하나로 정보 분야의 워크숍을 해설하고 여기에서 LT-WS(Learning Technologies Workshop)를 조직하여 이러닝에 관한 표준을 논의함

⑥ DCMI

- DCMI(Dublin Core Metadata Initiative)는 메타데이터 디자인과 광범위한 목적을 가지고, 비즈니스 모델들에서 모범적인 실행을 위한 혁신을 지원함
- DCMI 커뮤니티는 DCMI 메타데이터와 관련된 특정 주제 또는 특정 영역 내 DCMI의 사용에 관심을 가지는 사람의 모임임
- DCMI는 2015년 구조화된 메타데이터의 필요성을 언급하면서 메타데이터 사회의 모임을 통해 메타테이터의 상호 운용성과 조화를 촉진하는 목표를 진행할 것이라고 발표함

04 국내 표준화 동향

① IMS GLC(Global Learning Consortium)의 국내 대응 거점 단체인 IMS Korea 표준화 포럼이 이러닝 표준 개발과 적용을 주도하고 있음
② 2008년 IMS Global Learning consortium과 사무국인 한국교육학술정보원 간 협약 체결을 시작으로 IMS KOREA 표준화 포럼이 생겼음

05 모바일 기기 학습 제공 시 고려해야 할 사항

① 콘텐츠가 원활히 수행되는 모바일 기기의 최소 사양을 명시
② 콘텐츠를 앱으로 개발하여 제공하는 경우, 학습자의 기기가 앱스토어 또는 마켓을 정상적으로 이용할 수 있는 기기만 지원하도록 명시
③ 무선데이터 이동통신이 연결된 경우 데이터 요금이 청구될 수 있음을 확인
④ 다운로드 받은 강의는 DRM(Digital Right Management : 저작권보호기술)으로 보호되어 지정된 기간까지 이용할 수 있도록 하거나, 다른 기기로 이동하면 이용할 수 없도록 조치
⑤ 로그인할 때, SMS 인증이나 공인인증서 등의 수단을 추가적으로 도입

06 자원 제공 및 사용자 데이터 관련 기술 데이터

표준 코드	세부 내용
ISO/IEC 23988 : 2007	정보기술 전달에 사용되는 코드
ISO/IEC 24751 시리즈	전자학습, 교육 및 훈련에 적응성과 접근성 개별화
ISO/IEC TS 29140 시리즈	이동성 및 모바일 기술
ISO/IEC 20016-1 : 2014	전자학습 응용 프로그램(언어접근성 등)
ISO/IEC 29187 시리즈	언어접근성 및 휴먼 인터페이스 전자 학습 응용 프로그램

07 데이터 추적을 통한 학습자 분석 지원

표준 코드	세부 내용
ISO/IEC 24703 : 2004	참가자 식별자
ISO/IEC 19778 시리즈	협업 기술
ISO/IEC 19780 시리즈	협업 학습 커뮤니케이션
ISO/IEC 36000 시리즈	품질관리, 보증 및 측정

08 콘텐츠 표준

① SCORM(Sharable Content Object Reference Model)
   - SCORM은 미국의 ADL(Advanced Distributed Learning)에서 여러 기관이 제안한 이러닝 학습 콘텐츠를 관리하는 시스템을 통합한 표준안
   - 학습 콘텐츠를 작은 단위로 나누어서 이러닝 학습시스템에서 쉽게 재사용할 수 있도록 구성하는 표준

② SCORM CMI(Computer Managed Instruction)를 위한 패키징 💡 1회 필기 기출
   - CMI 데이터 모델은 학습객체와 학습관리시스템 간에 정보를 교환할 수 있도록 기능에 따라 정보를 패키징하는 방법을 정의함

09 웹 접근성을 고려한 콘텐츠 제작

① **인식의 용이성** : 대체 텍스트, 멀티미디어 대체 콘텐츠, 명료성의 3가지 지침으로 구성
② **운용의 용이성** : 키보드 접근성, 충분한 시간 제공, 광과민성 발작 예방, 쉬운 내비게이션의 4가지 지침으로 구성
③ **이해의 용이성** : 가독성, 예측 가능성, 콘텐츠의 논리성, 입력 도움의 4가지 지침으로 구성
④ **견고성** : 문법 준수, 웹 애플리케이션 접근성의 2가지 지침으로 구성

10 국내 이러닝 표준화 동향

① 2000년 4월 : SC36 국내 전문위원회가 설립되어 활동을 시작

② 2004년 1월 : 『e러닝산업발전법』이 제정됨

③ 정부기관 주도의 표준화

- 교육부 소속 한국교육학술정보원 : 초·중등 교육 분야 표준화, 2004년 12월, '초·중
등 교육정보 메타데이터(KEM, Korea Educational Metadata)' 국가표준(KS)을 제
정하여 활용

- 산업자원부 기술표준원과 한국전자거래진흥원 : 이러닝의 표준화와 산업화, 그리고 차세
대 이러닝 연구, 그리고 이러닝 품질인증 작업을 추진함

- 노동부 산하 한국직업능력개발원 : 직업훈련 관련 이러닝의 운영 및 서비스에 대한 표준
을 추진

- 2004년 이전 : 이러닝 표준화에 대한 연구와 기술 개발의 시기

- 2004년도 이후 : 이러닝 표준화에 대한 공감대 형성과 관련 제품의 시장 현실화의 시기

11 국내 이러닝 표준 제정

① 이러닝 표준은 2004년 12월 최초로 제정됨

② 초중등 분야의 이러닝 표준

구분	표준번호	표준명	제정 시기	비고
메타데이터	KS X 7001	초·중등 교육정보 메타데이터	2004. 12	최초
	KS X7001-1	교육정보 메타데이터 - 개요	2006. 7	제정
	KS X7001-2	교육정보 메타데이터 - 초·중등 교육 분야	2006. 7	개정
	KS X7001-3	교육정보 메타데이터 - 고등 교육 분야	2006. 7	제정
품질인증 (콘텐츠)	KS X7002-1	이러닝 품질인증 가이드라인 - 콘텐츠 : 개요	2008. 10 / 2010. 12 / 2012. 12	제정 / 개정 / 개정
	KS X7002-2	이러닝 품질인증 가이드라인 - 콘텐츠 : 초·중등 교육 분야	2008. 10 / 2010. 12	제정 / 개정
품질인증 (서비스)	KS X7003-1	이러닝 품질인증 가이드라인 - 서비스 : 개요	2008. 10	제정
	KS X7003-2	이러닝 품질인증 가이드라인 - 서비스 : 초·중등 교육 분야	2008. 10	제정

③ 산업교육 이러닝 콘텐츠 표준

구분	표준번호	표준명	제정 시기	비고
품질인증 (콘텐츠)	KS X7002-1	이러닝 품질인증 가이드라인 – 콘텐츠 : 개요	2008. 10 2010. 12 2012. 12	제정 개정 개정
	KS X7002-2	이러닝 품질인증 가이드라인 – 콘텐츠 : 초 · 중등 교육 분야	2008. 10 2010. 12	제정 개정
	KS X7002-3	이러닝 품질인증 가이드라인 – 콘텐츠 : 산업교육 분야	2012. 12	제정

03 학습시스템 개발과정 이해

01 정보시스템 구축 운영지침의 내용

시스템 기능 정의, 데이터 구조 정의, 시스템 설계, 시스템 구현, 시스템 테스트, 시스템 운영

02 학습시스템 기능요소 및 요구사항 분석

① **학습자 기능** : 학습하기, 성적 확인, 공지사항, 과제 확인, 강의실 선택, 학습 일정, 질의응답, 쪽지, 일정표, 과목정보, 강의계획서, 수강생 조회, 학습 자료실, 과제, 토론, 온라인 시험, 팀 프로젝트, 강의설문, 출결 조회

② **교수자 기능** : 강의실 이동, 학습 일정, 온라인 강의, 학습콘텐츠 관리, 온라인학습 현황, 공지 사항, 질의응답, 쪽지, 일정표, 조교 관리, 수강정보 이월, 과목 정보, 강의계획서, 강의 자료실, 과제 관리, 과제 제출 현황, 토론 관리, 온라인시험 관리, 팀 프로젝트 관리, 학습활동, 결과 조회, 강의 설문, 학습 통계, 수강생 조회, 출결 관리, 조기 경고 발송, 게시판 관리, 게시판 메뉴 관리

③ **관리자 기능** : 사용자 관리, 과목 관리, 강의실 관리, 시스템설정 관리, 부가서비스 관리, 모니터링 관리

03 학습시스템 개발 프로세스

요구사항 분석 단계 → 설계 단계 → 개발 단계 → 테스트 단계 → 운영 및 유지보수 단계

04 학습시스템 운영 과정 이해

01 학습시스템의 개념

　교육훈련을 위한 이러닝 학습 환경에서의 교수-학습 수행과 운영을 체계적으로 준비, 실시, 운영 및 관리하는 전체 프로세스를 지원해주는 기본 플랫폼을 의미함

02 학습시스템의 기본 기능

　강의 관리 기능, 학습자 관리 기능, 학습자 성적 관리 기능, 커뮤니티 기능, 학습 기록 관리 기능, 시험 관리 기능, 보안 기능, 학습 분석 기능

03 학습시스템의 운영 프로세스

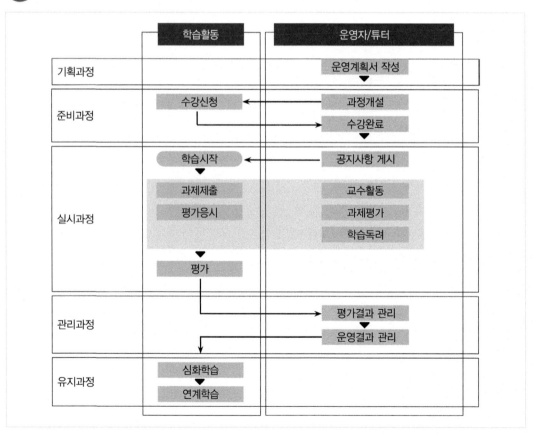

04 학습시스템 리스크 관리 1회 필기 기출

① **보안 관리** : 로그인 시스템, 비밀번호 암호화, 접근 권한 제한

② **서버 관리** : 서버 용량 증설, 서버 분산, 네트워크 성능 모니터링, 캐시 서버 구축, 대역폭 제한

③ **원격 감독 시스템** : 오디오, 비디오, 화면 공유, 녹화 기능

④ **데이터 백업** : 데이터 유실 방지, 데이터 보안 강화, 데이터 복원, 정기적인 백업

⑤ **커뮤니케이션 관리** : 채팅, 이메일, 전화, 화상 회의

⑥ **시스템 업데이트** : 보안 강화, 기능 개선, 오류 수정, 시스템 최적화, 정기적인 업데이트

Chapter 04 이러닝 운영 준비

01 운영환경 분석

01 학습 사이트

① **웹 사이트(Web site)** : 인터넷 사용자들이 필요한 정보를 찾을 때, '해당 내용을 제공할 수 있는 정보가 저장된 집합체'

② **이러닝 운영 사이트** : 학습자가 학습을 수행하는 '학습 사이트'와 이러닝 과정 운영자가 관리하는 '학습관리시스템(LMS)'으로 구분됨

③ **학습 사이트** : 학습자에게 다양한 서비스를 제공하기 위해 구축된 특정 웹 사이트를 의미

④ **학습 사이트 메뉴** : 나의 강의실, 교육 안내, 교육신청, 자료실, 고객 지원 등이 주요 메뉴임

02 학습사이트 점검 시 문제점 및 해결 방안 💡1회 필기 기출

① **학습 사이트 점검 시 가장 많이 발생하는 문제점** : 동영상 재생 오류, 진도 체크 오류, 웹 브라우저 호환성 오류

② **해결 방안 안내**

- 테스트용 ID를 통해 로그인 후 메뉴를 클릭해 가면서 정상적으로 페이지가 표현되고 동영상이 플레이되는지 확인해야 함

- 문제될 소지를 미리 발견했다면 시스템 관리자에게 문제를 알리고 해결 방안을 마련하도록 공지한 뒤, 팝업 메시지, FAQ 등을 통해 학습자가 강의를 정상적으로 이수할 수 있도록 도와야 함

03 학습관리시스템(LMS: Learning Management System) 💡1회 필기 기출

① **LMS 정의** : 온라인을 통하여 학습자들의 성적, 진도, 출결 사항 등 학사 전반에 걸친 사항을 통합적으로 관리해 주는 시스템

② **LMS 주요 메뉴** : 사이트 기본 정보, 디자인 관리, 교육 관리, 게시판 관리, 매출 관리, 회원 관리

③ LMS 점검을 통한 이러닝 과정 품질 유지

이러닝 과정 운영자는 해당 이러닝 과정의 교수·학습 전략이 적절한지, 학습 목표가 명확한지, 학습 내용이 정확한지, 학습 분량이 적절한지 등을 수시로 체크해야 한다.

04 이러닝 콘텐츠

① 콘텐츠 : 콘텐츠(contents)는 콘텐트(content)의 복수형으로 '(어떤 것의) 속에 든 것들, 내용물' 등으로 정의됨
② 이러닝 콘텐츠 : 이러닝 학습자가 효과적인 학습을 할 수 있도록 제작된 교수·학습 프로그램을 의미하며 대부분 동영상으로 제작됨
③ 이러닝 콘텐츠의 특징 : 멀티미디어 기기를 가지고 있고, 인터넷 접속 환경에 있다면 학습에 제약이 거의 없음, 학습자가 자기 주도적으로 학습할 수 있도록 지원해 줌
④ 이러닝 콘텐츠 구동에 필요한 멀티미디어 기기 : 스마트폰, 태블릿, 노트북, 데스크톱
⑤ 이러닝 콘텐츠 구동 조건 : 데스크톱 환경에서는 윈도우 미디어 플레이어가 보편적으로 쓰이기 때문에 큰 문제가 없지만, 스마트폰, 태블릿 등의 모바일 환경에서는 OS가 서로 다를 수 있기 때문에 구동 조건을 확인해야 함

05 이러닝 콘텐츠 점검 항목 💡 1회 필기 기출 2024 실기 기출

점검 항목	점검 내용
교육 내용	• 이러닝 콘텐츠의 제작 목적과 학습 목표가 부합되는지 점검 • 학습 목표에 맞는 내용으로 콘텐츠가 구성되어 있는지 점검 • 내레이션이 학습자의 수준과 과정의 성격에 맞는지 점검 • 학습자가 반드시 알아야 할 핵심 정보가 화면상에 표현되는지도 점검
화면 구성	• 자막 및 그래픽 작업에서 오탈자가 없는지 점검 • 영상과 내레이션이 매끄럽게 연결되는지 점검 • 사운드나 BGM이 영상의 목적에 맞게 흐르는지 점검 • 화면이 보기에 편안한 구도로 제작되었는지 점검
제작 환경	• 이러닝의 품질을 높이고 업체의 이윤 창출까지 바라본다면 콘텐츠의 제작 환경을 점검해야 함 • 배우의 목소리 크기나 의상, 메이크업이 적절한지 점검 • 최종 납품 매체의 영상 포맷을 고려한 콘텐츠인지 점검 • 카메라 앵글이 무난한지 점검

06 이러닝 콘텐츠 수정 요청

요청 대상	요청 내용
이러닝 콘텐츠 개발자	교육 내용, 화면 구성, 제작 환경에 대해 오류가 있을 때
이러닝 시스템 개발자	– 사이트상에서 콘텐츠 자체가 플레이되지 않을 때 – 사이트에 표시되지 않을 때 – 엑스박스 등으로 표시될 때

07 동영상 플레이 점검하기

① 윈도우 미디어 플레이어 실행하기

'검색 → 윈도우 미디어 플레이어' 순으로 클릭하여 윈도우 미디어 플레이어를 실행한다.

② 옵션 메뉴에서 환경 변경하기

'검색 → 네트워크 및 인터넷' 순으로 클릭한 후 '멀티캐스트 스트림 수신 허용'을 해제한다. 스트리밍 프록시 설정에서 'HTTP – 브라우저'를 더블 클릭한다. 그 후 '프록시 서버 사용 안함'을 클릭한 후 적용 버튼을 클릭한다. 그 후 윈도우 미디어 플레이어를 다시 실행한다.

08 진도 체크 오류 점검하기

– 진도율은 동영상 재생시간을 기준으로 누적 시청시간을 체크하여 자동 계산된다.
– 화면을 스킵하거나 빨리 넘기면 정상적으로 진도율 체크가 되지 않는다.
– LMS에서 진도 체크를 하는 수강 시간을 제대로 입력하였는지 확인한다.

09 호환성 보기 설정 변경하기

학습 사이트마다 최적화된 웹 브라우저 버전이 다르다. ID/PW가 입력되지 않을 때, 화면이 하얗게 나올 때, 버튼이 눌러지지 않을 때는 호환성 보기 설정 변경을 통해 해결한다.

① 크롬 브라우저 해결하기

크롬의 검색창에 'IE Tab'이라고 넣고 검색을 한 후, 오른쪽에 있는 'Chrome에 추가' 버튼을 클릭하면 간단히 설치가 된다.

② 엣지 브라우저 해결하기

오른쪽 상단의 … 부분을 클릭하고 메뉴가 나타나면 '설정'을 클릭하여 설정화면으로 이동한다. 왼쪽에서 '기본 브라우저'를 클릭하고 '사이트를 Internet Explorer 모드로 다시 로드할 수 있습니다.'를 사용으로 전환한다.

10 데스크톱 PC에서 콘텐츠 구동 여부 확인하기

데스크톱 PC에서의 콘텐츠 구동 여부의 확인은 다음 순서를 따른다.

① 웹 브라우저 실행

② 주소창에 이러닝 학습 사이트 주소 입력

③ 테스트용 ID 및 비밀번호로 로그인

④ 탑재된 동영상 콘텐츠 찾아가기 & 플레이 버튼 클릭

⑤ 정상 구동 여부 확인

11 스마트폰에서 콘텐츠 구동 여부 확인하기

모바일 기기에서의 동영상 콘텐츠는 기본적으로 안드로이드 OS 및 애플의 iOS에서 구동될 수 있게 제작되었다.

① 웹 브라우저 애플리케이션 다운 받기

안드로이드 폰은 기본적으로 크롬이라는 웹 브라우저가 설치되어 있다. 학습자가 원하면 데스크톱에서 많이 사용하는 Naver, Daum 등의 애플리케이션을 다운받아 설치할 수 있다.

② 다운받은 앱을 활용, 학습 사이트 접속하기

기본적으로 제공되는 인터넷 접속 기능(지구 모양)을 클릭하면 구글의 홈페이지로 접속되며, 검색창 또는 주소창에서 원하는 학습 사이트로 이동할 수 있다. 만약 네이버로 접속했다면 데스크톱 PC와는 다르게 URL 입력 화면을 찾아야 한다.

③ 테스트용 ID 및 비밀번호로 로그인

④ 탑재된 동영상 콘텐츠 찾아가기 & 플레이 버튼 클릭

⑤ 정상 구동 여부 확인

> **유의사항**
> • LMS는 다양한 메뉴를 제공하기 때문에 점검 항목이 많다. 수시로 점검하는 자세를 가져야 한다.
> • 현재 과정 운영자는 기존 과정 운영자들이 축적해 둔 문제 해결 노하우를 인계받고 이를 숙지하고 있어야 한다.
> • 테스트 ID 관리 및 정보 보안에 유의해야 한다.
> • 스마트폰으로 동영상 구동을 점검할 때는 가급적 와이파이(Wi-Fi) 존에서 점검할 것을 권장한다. 동영상 콘텐츠는 많은 데이터를 소비해서, 사용자의 비용 부담을 늘릴 수 있다.
> • 모바일 기기의 OS로는 안드로이드 OS, iOS 외에도 마이크로소프트사의 윈도우 폰, 삼성전자의 타이젠(Tizen) 등이 있다. 콘텐츠마다 구동이 제한되는 OS가 있음을 유의해야 한다.

02 교육과정 개설

01 교육과정의 정의

① **교육과정** : 교과의 교육목표를 달성하기 위하여 교육내용과 학습활동을 체계적으로 조직한 계획을 의미함

② **이러닝에서의 교육과정** : 강의를 진행할 교수설계자가 계획하며, 이를 과정 운영자가 알고 있어야 함

③ **이러닝 교육과정의 특징** : 이러닝에서는 학습자가 교과의 학습 목표를 달성하는 것을 최우선으로 삼고 교과 교육과정의 완성도를 높이는 데 집중하면 됨. 주로 교과의 성격 및 목표, 내용 체계(단원 구성), 권장하는 교수 · 학습 방법, 평가 방법, 평가의 주안점 등이 기술되어 있음

02 교육과정 개설 조건

① 이러닝 시스템이 구축되어 있어야 함

② 콘텐츠가 제작되어 있어야 함

③ 교 · 강사가 만든 과정 운영계획서도 가지고 있어야 함

03 교육과정 등록 절차 및 확인

① **교육과정 분류** : '대분류 · 중분류 · 소분류' 순으로 분류

② 교 · 강사가 제출한 교과 교육과정 운영계획서를 확인하며 등록함

③ **강의 만들기** : 제작된 동영상 콘텐츠에 목차를 부여 – 순서 지정 – 동영상 업로드 – 강의 등록 완료

④ **과정 만들기** : 과정 목표, 과정 정보, 수료 조건 안내 등 과정에 대한 정보 입력

⑤ **과정 개설하기** : 수강신청기간, 수강기간, 평가기간, 수료처리 종료일, 수료 평균 점수 등을 지정해 주면 됨

⑥ **과정 확인하기** : 과정 등록을 마친 후 정상적으로 과정이 등록되었는지 확인함. 교 · 강사가 제출한 교육과정 운영계획서와 일치하는지 확인하는 작업이 필요함

04 세부 차시 등록

과정 운영자는 교육과정을 등록할 때 교육과정의 세부 차시(목차)도 같이 등록해야 한다. 교육과정의 세부 차시는 강의계획서에 포함되기도 하고 강의세부정보 화면에 표현되기도 한다.

05 과정 소개 등록

LMS상에서 과정 소개에 대한 내용을 등록할 수 있다. 화면에 보이는 이미지(메인 이미지, 과정 리스트, 과정 상세페이지, 학습방 등), 소개글 입력 방법(기본 항목 입력, html로 등록), 과정목표, 과정정보, 권장학습방법, 수료조건 안내, 요약 설명 등을 등록할 수 있다.

06 학습자료 등록 💡 1회 필기 기출

학습 전, 학습 중, 학습 후에 학습자에게 제공해야 할 사전 자료들은 다음과 같다.

학습 단계 구분	학습 단계별 자료 내용

학습 전 자료	1. 공지사항
	  – 학습 전에 학습자가 꼭 알아야 할 사항들을 알려줌
	  – 오류 시 대처 방법, 학습 기간에 대한 설명, 수료(이수)하기 위한 필수 조건, 학습 시 주의사항 등을 알려줌
	2. 강의계획서
	  – 강의에 대한 사전정보(학습목표, 학습개요, 주별 학습내용, 평가 방법, 수료 조건 등)가 있는 자료

학습 중 자료	학습자가 강의 중에 도움을 받을 수 있도록 필요한 자료를 알려준다. 보통 강의 진행 중에 자료를 직접 다운로드 받을 수 있도록 하거나 관련 사이트 링크를 걸어준다.
학습 후 자료	평가나 과제 제출로 과정이 종료되는 것이 아니다. 설문조사를 등록해서 학습자가 과정에 대한 소비자 만족도 평가를 할 수 있도록 해야 한다. 일반적으로 학습자들이 필수적으로 하는 '평가' 또는 '성적 확인' 전에 설문을 먼저 실시하도록 한다. 강의나 과정 운영의 만족도뿐만 아니라 시스템이나 콘텐츠의 만족도도 묻는다. 설문 조사는 과정의 품질을 높일 수 있는 중요한 정보이다.

07 평가 등록 2024 실기 기출

평가는 강의 진행 단계에 따라 진단평가, 형성평가, 총괄평가 등으로 구분된다.

강의 진행 단계	평가 내용
진단평가	• 강의 진행 전에 이루어짐 • 학습자의 기초능력(선수학습능력, 사전학습능력) 전반을 진단하는 평가
형성평가	• 각 차시가 종료된 후 이루어짐 • 학습자에게 바람직한 학습방향을 제시하는 평가 • 강의에서 원하는 학습목표를 제대로 달성했는지 확인하는 평가
총괄평가	• 강의 종료된 후 이루어짐 • 학습자의 수준을 종합적으로 확인할 수 있는 평가 • 학습자의 성적을 결정하고 학습자 집단의 특성 분석이 가능한 평가

08 평가 문항 등록

시험 출제 메뉴에서 평가에 대한 정보(시험명, 시간체크 여부, 응시가능 횟수, 정답해설 사용 여부, 응시 대상 안내 등)를 입력하고 평가 문항을 등록한다.

> **⚠ 유의사항**
> - 교·강사가 제출한 교과의 운영계획을 통해 학습자가 학습목표를 달성할 수 있는지 분석한다.
> - LMS에 교육과정을 등록한 후 교·강사가 제출한 교과 운영계획서와 일치하는지 확인한다.
> - 교육과정의 세부 차시가 별도의 웹 페이지로 표현되어야 한다면 시스템 제작자에게 수정을 요청한다.
> - 진단평가와 형성평가는 별도의 메뉴가 아닌 강의 콘텐츠에 포함되는 경우가 많지만, 일부 LMS에서는 형성평가가 별도의 메뉴에서 제공되기도 한다.

03 학사일정 수립

01 이러닝 연간 학사일정 🔆 1회 필기 기출

① 1년 간의 주요 일정(강의 신청일, 연수 시작일, 종료일, 평가일)이 제시됨
② 주로 전년도 연말에 계획을 수립함

02 이러닝 개별 학사일정

개별 학사일정을 통해 학습자들에게 일정(강의, 평가, 과제 제출 등)에 대한 정보 공지

03 이러닝 협업 부서

① 개별 학사일정 및 연간 학사일정을 과정 홈페이지에 공지사항 또는 팝업 메시지로 예비 학습자들에게 안내해 주어야 함
② 원활한 학사 진행을 위해 협업부서에도 알려야 함

04 교·강사와 학습자의 의미

① **교·강사** : 이러닝 과정에서 교수, 강사를 혼용하는 의미
② **학습자** : 이러닝 교육기관의 학생, 이러닝 연수프로그램에서의 연수생을 의미

05 교 · 강사와 학습자의 역할

① 교 · 강사
- **강의 콘텐츠를 제작할 때** : 녹화의 대상이 됨, 강의자
- **실시간 강의인 경우** : 수업 진행자
- **강의 후** : 피드백을 받으면서 더 우수한 강의 콘텐츠를 만들 수 있어야 함

② 학습자
- 이러닝 과정을 충실히 수행하면서 수료해야 함
- 오프라인 수업과 다르게 성실성을 표현하기 어렵고, 과정 운영자도 측정하기 어려움
- 학습자는 게시글을 카운트하는 정도가 아닌 학습에 적극적으로 참여하는 자세가 필요함

06 학사일정 공지

① **교 · 강사** : 교 · 강사에게 학사일정을 공지해 주어야 함
② **학습자** : 학습자에게 문자, 메일, 팝업 메시지 등으로 공지하여, 사전 정보를 얻고 학습을 준비하도록 함
③ **관계 기관** : 사전에 조율이 필요하거나 긴급한 사항일 경우 전화를 통해 관계 기관과 연락을 하지만 대부분 공문을 통해 학사일정 및 교육과정을 신고함. 운영기관마다 교육과정의 서식이 다름

07 교육과정을 관계 기관에 신고하는 방법

① **전자문서 작성하기**
- 전자문서에 로그인하기
- 기안문 작성 화면으로 이동하기
- 기안문에 대한 정보 입력하기
- 기안문 작성하기
- 첨부 파일 첨부하기
- 결재 올리기
- 결재 완료 후 발송하기

② **비전자문서 작성하기**
- 문서 양식에 따라 정보(보고기관, 문서번호, 시행일, 수신기관 등) 입력하기
- 기안문 작성하기(문서 제목, 인사말, 문서 목적, 문서 내용, 기관 직인)

　　　－ 첨부파일 확인한 후 메일 작성하기

　　　－ 메일 전송하기

> **❗ 유의사항**
>
> • 개별 학사일정이 연간 학사일정과 서로 일치하는지 확인한다.
> • 학사일정을 수립할 때는 내부 조직 간의 팀워크를 살리면서 업무 프로세스를 개선할 수 있는 방향을 생각한다.
> • 학사일정을 표나 달력으로 표현할 때는 학습자가 보기 편하게 단순하고 직관적인 스타일로 만든다.
> • 교·강사 및 학습자에게 안내하는 학사일정이 최종 결정된 일정인지 확인한다.
> • 관계 기관에 공문서를 발송할 때는 정확한 학사일정인지 다시 한 번 확인한다.

04 수강신청 관리

01 수강신청 현황 확인 방법

① 수강신청이 이루어지면 학습관리시스템의 수강현황을 관리하는 화면에 수강신청 목록이
나타남

② 수강신청 순서에 따라서 목록이 누적되며, 수강신청한 과정명과 신청인 정보가 목록에 나
타남

02 수강승인 처리 방법

① 자동으로 수강신청이 되는 과정 개설 방법인 경우를 제외하면 수강신청 목록에 있는 과정
을 승인해 주어야 함

② 수강승인을 위해서는 수강승인할 수강신청 목록을 체크한 후 → 수강승인 버튼 클릭

③ 수강취소를 위해서는 수강취소할 수강신청 목록을 체크한 후 → 승인취소 버튼 클릭

④ 수강승인을 하면 신청된 내역은 학습 중인 상태로 변경됨

03 교육과정별 수강 방법 안내

① **입과 처리가 되었을 때** : 자동으로 입과 안내 이메일이나 문자가 발송되게 할 수 있음

② **학습자의 수강 참여가 특별히 요구되는 과정일 때** : 학습자 정보를 확인하여 운영자가 직접 전

화로 입과 안내 후 학습 진행 절차를 안내함(학습자가 활용할 수 있는 별도의 사용 매뉴얼, 학습안내 교육자료 등을 첨부)

04 학습자용 사용 매뉴얼

① 문서 형태
- 이러닝에 경험이 적은 학습자도 있기 때문에 문서 형태로 사용 매뉴얼을 만들어 배포하기도 함(PDF 문서, 웹문서 방식으로 구성)
- 최근에는 브랜드 홍보 차원에서 별도 블로그 등의 SNS 채널을 운영하면서 사용 방법, 사용 팁, 우수 사례 등을 올리는 경우가 있음
- 검색을 통해 이러닝 서비스에 대한 홍보도 되고, 자연스럽게 학습자들이 참여하여 배포될 수 있는 효과도 얻을 수 있음

② 교육 형태
- 교육받는 방법을 교육으로 풀어내면서 교육의 중요성을 각인시킬 수 있고, 이러닝 서비스 주체의 교육에 대한 열정을 보여줄 수도 있음
- 정기 혹은 비정기적으로 오프라인을 통해 만남의 기회를 주어 교육할 수도 있음
- **오프라인 교육의 장점** : 학습자의 요구사항을 파악하기 쉽고, 학습자의 오프라인 커뮤니티의 욕구를 해소할 수 있음

05 운영자 등록

① 운영자를 사전에 등록하려면 운영자 정보를 학습관리시스템에 먼저 등록해야 함
② 학습자가 볼 수 없는 별도의 관리자 화면에 접속할 수 있도록 운영자 등록이 필요함
③ 운영자 정보를 등록하고, 접속 계정을 부여한 후 수강신청별로 운영자를 배치할 수 있음

06 교·강사 등록

① 교·강사 정보를 받고 학습관리시스템에 입력한 후 튜터링이 가능한 권한을 부여함
② 교·강사 정보를 등록하고, 접속 계정을 부여한 후 수강신청별로 교·강사를 배치함
③ 과정당 담당할 학습자 수를 지정한 후 자동으로 교·강사에게 배정될 수 있도록 학습관리시스템에서 세팅함

07 수강변경 사항 사후 처리

① 수강신청 내역을 변경하거나, 수강내역 등을 변경하는 경우에는 반드시 다른 정보들과 함께 비교해서 처리해야 함

② 학습자가 수강신청한 내역과 다르게 학습관리시스템에 처리가 되어 있다면 그 자체만으로 학습의 불만족 요소가 될 수 있기 때문에 주의해야 함

08 운영자, 교·강사 변경

① 운영자와 교·강사의 정보나 배치된 정보가 변경된 경우에는 관련 데이터를 수정해야 함

② 학습자의 학습결과에 미치는 영향도를 고려하여 신중하게 판단하여 변경해야 함

> **🗨 유의사항**
>
> 개인정보를 다루기 때문에 개인정보가 포함된 문서나 인터넷 페이지가 유출되지 않도록 각별히 주의한다.

Chapter 05 이러닝 운영 지원도구 관리

01 운영 지원도구 분석

01 이러닝 학습지원 도구 1회 필기 기출

구분	학습지원 도구의 예
과정개발 지원도구	콘텐츠 저작도구
운영 지원도구	운영지원을 위한 메시지 전송 시스템(메일, 문자, 쪽지 전송 등), 평가시스템, 설문시스템, 커뮤니티, 원격지원 시스템
학습 지원도구	역량진단시스템, 개인 학습경로 제시, 개인 학습자의 학습이력 관리 시스템

02 운영자 지원 시스템의 구성 및 기능

구성	기능
학습과정관리	학습운영관리학습 운영 중 운영자의 활동과 관련된 기능
수강관리	수강신청과 관련된 정보를 관리하는 기능
수료관리	수료기준에 따른 수료기능으로 구성
교·강사 관리	교·강사에 관한 기본 정보와 활동정보 관련 기능으로 구성
설문 관리	과정과 관련된 설문이나 홈페이지 설문을 통합적으로 관리하는 기능
통계 관리	학습관리시스템을 활용하여 학습운영과 관련된 통계를 생성, 확인하는 기능
회원 관리	회원관리 기능
교재 관리	교재 관련 기능
비용 관리	비용 관련 기능

03 학습자 지원 시스템의 구성

구성	기능
수강 관리 기능	수강 관련 기능
교과 학습 기능	학습과 관련된 기능
학습 지원 기능	학습을 지원하는 기능
개인정보 관리 기능	학습자 개인 정보와 관련된 기능

04 교 · 강사 지원 시스템의 구성

구성	기능
학습 관리 기능	학습자가 학습하는 동안 교 · 강사로서 학습을 관리하는 기능
교 · 강사 활동 확인 기능	자신의 교 · 강사 활동을 확인하는 기능
교 · 강사 활동 지원 기능	교 · 강사 활동을 도와주는 기능
개인정보 관리 기능	교 · 강사 개인 정보와 관련된 기능

05 운영 지원도구 활용 방법

① 학습자들의 학습 활동을 추적하는 기능 활용

② 학습 자료 제공 기능 활용

③ 학습자들과 교육자들 간의 소통을 위한 기능 활용

④ 학습자들의 학습 성과를 측정하는 기능 활용

⑤ 학습자들의 학습 경험을 개선하기 위한 기능 활용

02 운영 지원도구 선정

01 과정 특성별 적용 방법

① **대규모 이러닝 강의** : 다수의 학습자가 동시에 학습을 진행하므로, 학습자들 간의 소통을 원활하게 하는 것이 중요

② **팀 프로젝트가 있는 과정** : 학습자들끼리 협업하며 프로젝트를 수행하는 것이 중요

③ **개별 학습을 위한 이러닝 과정** : 학습자들이 스스로 학습을 진행할 수 있도록 다양한 학습 자료를 제공하는 것이 중요

④ **특정 분야의 전문 지식을 습득하는 과정** : 학습자들이 전문 용어나 개념 등을 이해하고, 스스로 학습을 진행할 수 있는 학습 자료가 필요

⑤ **문제해결학습 이러닝 과정** : 학습자들이 다양한 문제 상황에 대한 해결책을 찾아내는 능력을 기르는 것이 중요

⑥ **실습 위주의 이러닝 과정** : 학습자들이 실제로 작업하거나 실험을 진행할 수 있는 환경이 필요

02 적용방법 매뉴얼

① **대규모 이러닝 강의를 운영할 때** : LMS를 활용, 온라인 토론방을 운영

② **팀 프로젝트가 있는 이러닝 과정을 운영할 때** : LMS를 활용, 프로젝트 관리 도구 · 온라인 채팅 · 비디오 채팅 등을 활용

③ **개별 학습을 위한 이러닝 과정을 운영할 때** : LMS를 활용, 학습계획도구 활용

④ **특정 분야의 전문 지식을 습득하게 하는 이러닝 과정을 운영할 때** : 비디오 콘텐츠, 학습자용 문서 및 자료 제공

⑤ **문제해결학습 이러닝 과정을 운영할 때** : 학습자가 문제 상황에 대한 정보를 수집하고 분석할 수 있는 도구를 제공, 학습자가 문제를 직접 체험할 수 있는 시뮬레이션을 제공, 학습자들끼리 소통할 수 있는 토론 게시판이나 온라인 채팅을 활용, 학습자가 자신만의 해결책을 찾아낼 수 있도록 학습 계획 도구를 제공

⑥ **실습 위주의 이러닝 과정을 운영할 때** : 가상화된 학습 환경을 제공, 시뮬레이션 프로그램을 제공, 가상 실험실을 제공, 학습자들끼리 소통할 수 있는 온라인 포럼이나 채팅을 활용

03 운영 지원도구 관리

01 사용 현황에 따른 문제점

① **학습자 입장에서 불편한 기능** : 학습지원시스템(LMS)의 운영도구를 살펴보면 운영자를 중심으로 개발된 기능들이 많아 학습자와 교 · 강사의 요구에 부합할 수 있도록 기능을 설계할 필요가 있음

② **새로운 학습 형태의 등장** : 이러닝, M-러닝, U-러닝 등과 같은 새로운 학습 형태가 등장하면서 학습 콘텐츠의 다양화와 함께 학습자들의 자기주도적인 개별학습을 지원하고 맞춤형 정보를 제공하기 위한 다양한 기능에 대한 요구가 증가함

③ **대부분 유사한 기능 구현** : LMS 기능들은 대부분의 개발 업체에서 유사한 메뉴로 구현하고 있음. 다양한 기능을 개별적으로 구현을 하기 위해서는 내부에 LMS 담당자(개발자)가 있어야 하지만, LMS를 임대하는 경우에는 구현이 더 어려움

02 운영 지원도구 활용 보고서

① **학생 대상 수업에 활용** : 빠른 피드백, 모르는 문제에 대한 상호작용, 성취감 요소

② **대학생 대상 수업에 활용** : 교수 · 학생 간의 상호작용 증대, 학생 간의 상호작용 증대, 학생 · 학습내용 간의 상호작용 증대, 새로운 수업 방식에 대한 학생들의 거부감 고려 필요

💡 1회 필기 기출

③ **사이버 대학 수업에 활용** : 학습동기 및 상호작용에 영향을 미침, 학습자 간 학습공간 및 상황 인식 정보를 제공하는 지원도구 필요

Chapter 06 이러닝 운영 학습활동 지원

01 학습환경 지원

01 인터넷 학습 환경

① 여러 사람이 함께 사용하는 공용 공간에서 인터넷에 접속하는 경우 바이러스나 멀웨어 등과 같은 감염에 의한 학습장애가 있을 수 있음

② 고화질의 영상이 주를 이루고 있는 이러닝 서비스라면, 무선 인터넷에서는 원활한 학습이 어려울 수 있고, 요금이 많이 나올 수 있음

③ 집에서 유선 인터넷을 사용하는 경우 컴퓨터의 랜카드에 잘 꽂혀 있는지 체크해야 함

④ 공유기를 통해 연결되었을 때 공유기가 정상적으로 동작하는지 체크해야 함

⑤ 집이 아닌 회사나 기관 등의 업무용 컴퓨터는 일반적으로 '고정 IP' 주소를 할당받아 연결되는 경우가 많음

⑥ 무선 인터넷에 접속하면 공용 와이파이는 연결이 자주 끊어지는 경우가 많으므로 권장하지 않음

⑦ 4G, 5G나 LTE로 무선 인터넷에 접속하는 경우 주의할 점은 데이터 요금임

02 개인용 컴퓨터

① 개인용 컴퓨터에 설치된 OS가 다르면 지원해야 하는 방법이 다르므로 학습자 소유의 개인용 컴퓨터가 어떤 것인지 확인하는 것이 중요함

② 학습자가 사용하는 윈도우 버전을 알아보는 것이 중요함

③ 윈도우용 애플리케이션을 맥에서 그대로 사용할 수 없으므로 별도의 학습 소프트웨어가 필요한 경우 맥용으로 제작하여 배포해야 함

④ 맥은 기본적으로 탑재된 웹 브라우저가 사파리(safari)이기 때문에, 맥 사용자들의 경우 크롬이나 파이어폭스 등과 같은 웹 브라우저를 별도로 설치하는 경우가 많음

03 노트북

노트북이면 인터넷 연결방식이 무선 인터넷인 경우가 많고, 크롬북이면 무선 인터넷 없이는 아예 사용 자체를 못 하므로 기기의 특성을 파악하는 것이 매우 중요함

04 스마트폰

① 스마트폰의 종류에 따라 각기 다른 대응 시나리오를 만들어 놓아야 함
② 아이폰의 경우에는 기본 웹 브라우저가 사파리, 안드로이드 스마트폰의 경우 크롬임
③ 모바일 러닝의 경우 웹 브라우저로 접속하여 활용하는 경우도 있고, 별도로 개발한 앱(App)을 통해 학습하는 경우도 있음
④ 모바일 앱을 통한 학습이 진행되는 경우에는 스마트폰의 종류, OS 버전 등에 따라서 대응 방법이 달라짐

05 태블릿

태블릿은 애플의 아이패드와 다양한 종류의 안드로이드 기반 태블릿이 있는데, 활용되는 웹 브라우저는 대부분 스마트폰과 유사함

06 OS

① 이러닝의 경우 대부분 웹 브라우저를 통해 학습을 진행하기 때문에 OS의 특성보다는 웹 브라우저의 특성이 더 중요한 경우가 많음
② 모바일 기기의 경우 애플 제품에는 iOS가, 나머지 기기에는 안드로이드가 설치되어 있는 경우가 많음

07 웹 브라우저

① 웹 브라우저는 크롬과 마이크로소프트 엣지, 사파리, 네이버웨일 등이 많이 사용되고 있음
② 학습 지원을 위해서는 웹 브라우저에 대한 사전 정보 파악이 중요함

08 원격지원 💡1회 필기 기출

① 학습자가 학습을 진행하는 데 문제가 발생한 경우 운영자가 별도의 원격지원 도구를 활용하여 직접 학습자 기기를 조작하면서 문제를 해결하는 방법을 말함

② 학습자의 기기에 원격으로 접속하여 마치 운영자가 직접 기기를 사용하는 것과 같이 조작하면서 문제를 해결할 수 있음

09 크롬 원격 데스크톱

① 크롬의 확장 프로그램이며, 무료로 사용할 수 있는 원격제어 프로그램임
② 쉽게 세팅이 가능하고, 사용법도 어렵지 않음
③ PC는 물론 모바일에서도 접속할 수 있음

10 원격지원 방법을 모르는 경우

① 일반적으로 원격지원을 위해 웹 사이트의 '고객센터', '학습지원센터' 등의 메뉴를 만들어 관련 정보를 공개하는 경우가 많음
② 대응 매뉴얼을 만들어 친절하게 학습자 안내를 할 필요가 있으며, 웹 사이트에 원격지원을 할 수 있는 안내를 눈에 잘 띄는 곳에 배치해야 함

11 원격지원 진행 시 어려움을 겪는 경우

학습자가 원격제어 소프트웨어 자체를 설치하지 못하는 경우와 비밀번호를 잘못 입력한 경우 등이 있을 수 있으니 전화 등과 같은 별도의 의사소통 방법을 병행해서 사용해야 함

12 동영상 강좌를 수강할 수 없는 경우

① 최근에는 웹 표준 중심으로 기술이 평준화되고 있기 때문에 동영상 코덱 문제로 서비스가 안되는 경우는 많이 줄고 있음
② 동영상 서버에 트래픽이 많이 몰려 대기 시간이 오래 걸리거나, 동영상 주소 오류가 있는 경우를 파악해 볼 필요가 있음

13 학습 창이 자동으로 닫히는 경우

① 학습을 위해 별도의 학습 창을 띄우는 경우가 있는데, 이 경우 팝업창 차단 옵션이 활성화되어 있거나, 별도 플러그인 등과 학습 창이 충돌되는 경우가 있음
② 웹 브라우저의 속성을 변경하거나 충돌되는 것으로 추정되는 플러그인을 삭제함으로 해결할 수 있는 경우가 많음

14 학습 진행이 원활하게 이루어지지 않는 경우

① 인터넷 속도가 느리거나, 학습을 진행한 결과가 시스템에 제대로 반영되지 않는 경우가 있음

② 학습자의 학습환경을 다각도로 파악할 필요가 있으며, 학습진행 결과가 반영되지 않는 경우에는 학습지원 시스템(LMS)의 오류를 의심해 볼 필요가 있음

15 웹 사이트 접속이 안되거나 로그인이 안되는 경우

① 도메인이 만료되거나, 트래픽이 과도하게 몰려 웹 사이트를 운영하는 서버가 셧다운 되거나, 로그인 기능에 오류가 있거나, 인증서가 만료되어 로그인을 못하는 경우 등이 있으니 기술 지원팀과 상의할 필요가 있음

② 원격지원 자체가 필요한 상황은 아님

16 학습을 진행했는데 관련 정보가 시스템에 업데이트되지 않는 경우

원격지원을 통해 확인해 본 결과 학습자의 실수가 아니라고 판단되면 기술 지원팀과 협의하여 학습지원 시스템 상의 오류를 수정해야 함

17 FAQ 메뉴 등에 학습지원 프로그램 안내

① FAQ에 대처 가능한 다양한 경우를 기록해 놓는 것이 필요함

② 원격지원과 관련한 내용은 학습자가 쉽게 인지하여 접속할 수 있도록 안내하는 것이 필요함

18 문제 상황 대처를 위한 방법을 강좌로 안내

① 글로 설명하는 것에 그치지 않고 별도의 강좌로 문제 상황 대처법을 제공할 수도 있음

② 정기적인 교육과정으로 운영하면서 이러닝의 문제 상황을 이러닝으로 해결하는 시도를 해 보는 것도 좋음

> **⚠ 유의사항**
> • 개인정보 및 학습자 개인 소유 기기 정보를 파악해야 하므로 보안에 각별히 주의한다.
> • 개인정보를 다루기 때문에 문서가 유출되지 않도록 각별히 주의한다.

02 학습활동 안내

01 학습절차 안내

① **로그인 전** : 학습자는 웹 브라우저 주소창에 이러닝 서비스 도메인을 입력하거나, 저장되어 있는 즐겨찾기 링크를 클릭하여 웹 사이트에 접속하여, 웹 사이트에서 원하는 과정을 찾음

② **로그인 후** : 로그인 후 수강신청을 할 수 있으며, 수강신청 결과는 일반적으로 마이페이지 등과 같은 메뉴에서 확인할 수 있음. 수강할 수 있는 일정이 되면 수강 절차에 따라서 수강을 진행함

③ **학습절차**

- 수강신청이 완료되면 '마이페이지'나 '나의 강의실' 등에서 수강신청한 과정명을 찾을 수 있음

- 학습을 구성하는 요소는 일반 안내, 학습 강좌 동영상, 토론, 과제, 평가, 기타 상호작용 등이 있음

- 특히 과제와 평가의 경우에는 운영 정책마다 진행되는 절차와 특성이 있으니 반드시 학습 정보, 운영계획서 등을 참고하여 숙지할 필요가 있음

- 학습이 마무리되어 수료 조건이 되면 수료증을 출력할 수 있는 상태가 됨

02 과제의 종류

① **성적과 관련된 과제**

- 튜터링이 필요한 과제는 학습관리시스템 상에서 튜터 권한으로 접속하는 별도의 화면이 있어야 함

- 과제가 제출되면 해당 과제를 첨삭할 튜터에게 알림이 갈 수 있도록 구성되어야 함

- 과제의 성적에 따라서 수료 여부가 결정되기 때문에 과제 평가 후 이의신청 기능이 있어야 함

- 모사답안 검증을 위한 별도의 시스템을 활용하는 경우도 있음

② **성적과 관련되지 않은 과제**

- 성적과 관련이 없다고 하더라도 과제 제출을 요구하는 것 자체가 학습자의 시간과 노력을 요구하는 것이므로 체계적이고 객관적인 운영이 필요함

- 과제 첨삭 여부에 따라서 튜터링 진행할 사람을 사전에 구성할 필요가 있음

- 해외 MOOC 등에서는 과제 채점을 인공지능 시스템이 하거나 동료 학습자들이 함께 채점하는 경우 등의 다양한 시도가 나오고 있음

03 평가의 종류

① 일반적으로 성적에 반영되는 요소는 진도율 · 과제 · 평가가 있음
② 차시 중간에 나오는 형성평가와 과정 수강 후 나오는 총괄평가로 구분되는 경우가 많은데, 형성평가의 경우 성적에 반영되지 않는 경우가 많음
③ 학습관리시스템에서 성적 반영 요소와 각 요소별 배점 기준을 설정하게 되어 있는 경우가 있으니, 학습관리시스템 매뉴얼을 숙지하고 운영해야 함

04 평가 방법

① 진도율

- 일반적으로 최소 학습 조건으로 넣는 경우가 있는데, 오프라인 교육에서 출석을 부르는 것과 유사한 개념임
- 진도율은 일정 수치 이상으로 올라가야 과제와 평가를 진행할 수 있는 등의 전제 조건으로 사용되는 경우가 많음

② 과제

- 학습자가 과제를 제출하면 튜터(혹은 교 · 강사)에게 과제 제출 여부를 알려주고, 과제가 채점되면 학습자에게 채점 여부를 알려주는 등의 상호작용이 필요함

③ 총괄평가

- 총괄평가의 경우 문제은행 방식으로 구현될 수 있음
- 시간제한을 두거나, 부정시험을 방지하기 위해서 별도의 시스템적인 제약을 걸어 놓는 경우도 있음

05 학습 상호작용 개념

① 상호작용이란 학습과 관련된 주체들 사이에 서로 주고 받는 활동을 의미함
② 일반적으로 학습자 – 학습자 상호작용, 학습자 – 교 · 강사 상호작용, 학습자 – 시스템/콘텐츠 상호작용, 학습자 – 운영자 상호작용 등으로 구분할 수 있음

06 학습자 – 학습자 상호작용 💡 1회 필기 기출

① 학습자가 동료 학습자와 상호작용하는 것을 의미함

② 토론방, 질문답변 게시판, 쪽지 등을 통해 상호작용할 수 있음

③ **소셜러닝** : 학습이 꼭 교·강사의 강의 내용이나 콘텐츠 내용으로 이루어지는 것이 아니라 동료 학습자와의 의사소통 사이에서도 일어날 수 있다는 것

07 학습자 – 교·강사 상호작용

① 학습자 – 교·강사 상호작용은 첨삭과 평가 등을 통해 이루어지는 경우가 많고, 학습진행 상의 질문과 답변을 통해서 이루어지기도 함.

② 학습의 과정 속에서 모르거나 추가 의견이 있는 경우 학습자교·강사 상호작용이 활발하게 일어남

08 학습자 –시스템/콘텐츠 상호작용

① 이러닝은 학습자가 이러닝 시스템(사이트)에 접속하여 콘텐츠를 활용하여 배우기 때문에 시스템과 콘텐츠와의 상호작용이 가장 빈번하게 일어남

② 모바일 환경에서 학습을 진행하는 경우가 많기 때문에 시스템과 콘텐츠의 상호작용이 서로 섞여 이루어지는 경우가 많음

09 학습자 – 운영자 상호작용 💡1회 필기 기출

① 학습활동 중 혼란스러운 상황이 발생하면 시스템 상에 있는 1 : 1 질문하기 기능이나 고객센터 등에 마련되어 있는 별도의 의사소통 채널을 통해 문의를 함

② 휴먼터치가 부족한 이러닝 환경의 특성에 맞춰 학습자 – 운영자 상호작용을 운영의 특장점으로 내세울 수도 있기 때문에 운영자의 역할과 책임이 더욱 커지고 있음

10 자료의 종류

① **이미지** : 웹에서 활용할 수 있는 이미지(jpg, gif, png 등)여야 함

② **비디오** : 웹에서 활용할 수 있는 비디오여야 함. 대부분 mp4 포맷을 활용함

③ **오디오** : 모바일 환경도 고려해야 하기 때문에 최근에는 대부분 mp3 포맷을 활용함

④ **문서** : MS오피스, 한글, 오픈오피스, PDF(Portable Document Format) 등

11 자료 등록 방법

① **등록 위치** : 강의실 내의 자료실

② **등록 방법** : 첨부파일 기능으로 등록하며, 용량 제한이 있는 경우 게시물을 나누어 등록

03 학습활동 촉진

01 학습 진도 관리

① 학습자의 학습 진행률을 수치로 표현한 것
② 일반적으로 학습내용을 구성하고 있는 전체 페이지를 기준 삼아 몇 퍼센트 정도를 진행하고 있는지 표현함

02 학습 진도 독려 방법 🔍 1회 필기 기출

① 독려 수단
 - 문자(SMS)
   • 이러닝에서 전통적으로 많이 사용하고 있는 독려 수단임
   • 단문으로 보내는 경우 메시지를 압축해서 작성해야 하고, 장문으로 보내는 경우에는 조금 더 다양한 정보를 담을 수 있음
   • 대량 문자 혹은 자동화된 문자를 전송하기 위해서는 건당 과금된 요금을 부담해야 함
 - 이메일(e-mail)
   • 문자와 마찬가지의 용도로 많이 활용하는 대표적인 독려 수단임
   • 문자보다는 더 다양하고 개인에 맞는 정보를 담을 수 있음
   • 진도에 대한 세부적인 내용과 학습자에게 도움이 될만한 통계자료 등도 함께 제공할 수 있음
 - 푸시 알림 메시지
   • 이러닝 서비스를 위한 자체 모바일 앱을 보유하고 있는 경우 푸시 알림을 보낼 수 있음
   • 알림을 보내는 비용이 무료에 가깝기 때문에 유용함
   • 자체 앱의 설치 비중이 낮은 경우에는 마케팅 효과가 떨어짐
 - 전화
   • 문자, 이메일, 푸시 알림 등의 독려로도 진도가 나가지 않는 경우 마지막 수단으로 전화로 직접 독려를 하는 경우가 있음
   • 대량관리 수단으로는 적합하지 않음

03 독려 시 고려사항 [2024 실기 기출]

① 너무 자주 독려하지 않도록 한다.

② 관리 자체가 목적이 아니라 다시 학습을 할 수 있도록 하는 것이 목적임

③ 독려 후 반응을 측정해야 함

④ 독려 비용효과성을 측정해야 함

> **💬 유의사항**
> – 학습지원 시스템에서 학습진도 현황을 확인하고, 필터링하여 독려 리스트를 만든 후 독려한다.
> – 학습현황 목록에서는 다양한 옵션으로 필터링할 수 있다.
> – 과제를 제출했는지, 시험에 응시했는지 등을 선택한 후 검색하여 독려할 학습자 목록을 만들 수 있다.
> – 목록을 만든 후 앞서 살펴본 독려 방법에 맞춰 독려를 진행할 수 있다.
> – 경우에 따라 학습자 전화번호를 입수하여 직접 전화로 독려할 수도 있다.

04 소통 채널의 개념

① 이러닝의 경우 자기주도 방식으로 학습이 진행되는 경우가 많고, 원격으로 웹 사이트에 접속하여 스스로 컴퓨터나 스마트폰 등을 조작하면서 학습해야 하기 때문에 다른 학습자나 운영자 등과 소통할 수 있는 빈도가 높지 않음

② 학습자의 원활한 학습을 지원하고 같은 공간에 함께 존재하면서 배우고 있다는 현존감(presence)을 높이기 위해서는 학습과 관련된 소통을 관리하는 것이 매우 중요함

③ 소통은 메시지를 중심으로 이루어지며 '메시지를 보내는 사람과 받는 사람 사이에 원활하게 의사전달이 이루어지기 위해 사용하는 다양한 방법'을 '채널'이라고 표현함

④ 소통 채널을 어떻게 유지하고 관리하느냐에 따라 학습자의 학습만족도가 높아질 수 있기 때문에 소통 채널에 대한 관심을 높여야 함

05 소통 채널의 종류

① 웹 사이트
- 자주하는 질문(FAQ) 등과 같은 메뉴를 세세하게 구성하고, 최신 정보로 업데이트하는 것이 중요함
- 학습자가 궁금해하는 것을 통합적으로 관리할 수 있는 통합게시판 등의 운영도 중요함
- 문자, 이메일, 푸시 알림 등의 경우 단방향 소통에 특화되어 있기 때문에 웹 사이트를 통해 양방향 소통이 될 수 있는 장치를 마련하는 것이 중요함

② **문자**

- 회원가입, 수강신청 완료, 수료 등과 같은 중요한 활동을 문자로 전달하면서 학습자에게 적절한 정보를 전달함
- 메시지는 간단하면서도 명확하게 작성할 것
- 세부 내용을 넣으려면, 웹 링크를 문자에 포함시켜 웹 사이트의 특정 설명 페이지로 이동할 수 있도록 유도할 것

③ **이메일**

- 학습자가 원하는 상세한 정보를 이메일로 전달할 수 있음
- 학습관리시스템에서 자동으로 전송하는 자동발송 이메일을 이용하거나, 운영자가 수동으로 보내는 수동발송 이메일도 있을 수 있음

④ **푸시 알림**

- 푸시 알림은 별도의 네이티브 앱(App)을 만들어서 제공하거나, 카카오톡 등과 같은 메시징앱과 연계하여 활용하는 경우 사용하는 소통 방식
- 다른 앱들의 알림과 섞여서 제대로 정보를 전달하기 어려울 수도 있음

⑤ **전화**

- 전화는 쌍방향 소통 채널임
- 얼굴이 보이지 않고 목소리로만 정보와 감정 등을 전달하기 때문에 오해 발생률이 높을 수 있으니 전화 예절에 유의해야 함

⑥ **채팅**

- 문자, 음성, 화상 등의 방식으로 채팅을 진행할 수 있음
- 쌍방향 소통 채널의 대표
- 학습자가 많은 경우 원활하게 소통을 하기 어려움
- 수강인원의 수 등을 감안하여 충분히 대응할 수 있도록 인력과 장비를 갖추어야 함

⑦ **직접 면담**

오프라인에서 직접 학습자와 만나서 소통하는 경우

06 학습 커뮤니티 개념

커뮤니티(공동체)는 같은 관심사를 가진 집단을 의미하며, 학습자 자신이 원하는 주제와 관련된 배움을 원하는 사람들의 모임이기 때문에 학습 커뮤니티에 오는 사람들의 목적을 달성할 수 있도록 지원해야 함

07 학습 커뮤니티 관리 방법

① 주제와 관련된 정보 제공

- 배우고자 하는 주제와 관련된 정보를 제공해야 함
- 학습자는 자신이 관심 있는 주제에 반응하기 때문에 주제 선정과 집중에 신경을 써야 함
- 모든 학습자를 하나의 공간에서 관리하려 하지 말고, 주제별로 구분하여 운영하는 것이 좋음
- 주제와 관련된 정보를 제공하고 그와 연관된 하위 주제로 확장하는 등의 방식으로 정보를 제공하는 것이 기본임

② 예측 가능하도록 정기적으로 운영

- 커뮤니티 회원들이 예측할 수 있는 활동을 정기적으로 진행하는 것이 필요
- 꾸준하게 정기적으로 운영할 수 있도록 정책을 수립하는 것이 필요

③ 회원들의 자발성 유도

자발성을 유도할 수 있는 운영 전략을 수립하여 지속적으로 추진할 필요가 있음

④ 운영진의 헌신 없이는 성장하기 어려움

일반 회원의 자발성도 운영진의 헌신이 바탕이 되어야 발현될 수 있기 때문에 커뮤니티를 운영하려는 운영진의 열심과 노력이 무엇보다 중요함

04 수강 오류 관리

01 수강 오류 원인 1회 필기 기출

① 학습자에 의한 원인

학습자의 수강 기기에 문제가 있는 경우에는 데스크톱 PC인지, 스마트폰 등과 같은 이동식 기기인지에 따라 대응 방법이 다르기 때문에 기기의 종류를 파악하는 것이 필요함

② 학습지원 시스템에 의한 원인

- **웹 사이트 부문** : 사이트 접속이 안되거나, 로그인이 안되거나, 진도 체크가 안되는 등의 사용상의 문제이며, 운영자가 가장 먼저 대응하게 됨
- **관리자 부문** : 일반 학습자가 알기 어려운 부분이지만, 학습자의 오류가 관리자와 연동되어 움직이기 때문에 운영자 입장에서는 관리자 부문도 고려할 필요가 있음

02 수강 오류 해결 방법

① **관리자 기능에서 직접 해결하는 방법**

운영자가 관리자 기능에서 직접 해결할 수 있는 것들이 있으니 학습지원 시스템 매뉴얼을 숙지한 후 직접 처리 가능한 메뉴에는 어떤 것이 있는지 확인해야 함

② **기술 지원팀에 요청하여 처리하는 방법**

운영자가 기술 지원팀에 요청할 때에는, 단편적인 정보만 전달하기보다는 육하 원칙에 맞게 정리하여 전달하면 의사소통의 오류도 적고 처리도 빠르게 진행될 수 있음

03 성적처리 오류 해결 💡1회 필기 기출

① 수강오류 중 가장 민감한 것이 성적처리와 관련된 내용임

② 성적은 진도율, 과제 점수, 평가 점수 등의 조합으로 이루어짐

③ 관리자 기능에서 직접 수정할 수 있다면 수정하고, 그렇지 못한 경우에는 기술 지원팀에 요청해야 함

04 사용상 오류 해결

① 수강 오류 원인을 확인

② 학습자에 의한 원인인지 학습지원 시스템에 의한 원인인지 확인

③ 관리자 기능에서 해당 오류를 직접 처리

④ 기술 지원팀의 도움을 받아야 하는 경우 해당 부서와 의사소통하여 처리

⑤ 해결 여부를 확인한 후 학습자에게 안내

05 진도, 과제, 시험 오류 해결

① 진도, 과제, 시험 중 어떤 부분에서 오류가 나는지 확인

② 관리자 기능에서 해당 오류를 직접 처리(일반적으로 진도율은 운영자가 직접 수정하지 못하게 되어 있는 경우가 많음)

Chapter 07 이러닝 운영 활동 관리

01 운영활동 계획

01 이러닝 운영 준비

① 이러닝 운영 준비란 이러닝 운영계획에 따라 운영 환경 준비, 과정 개설, 학사일정 수립 및 수강신청 업무를 수행하고 점검하는 능력

② 운영환경 준비활동 수행 여부 점검

이러닝 서비스를 제공하는 학습사이트를 점검하여 문제점을 해결하였는가?
이러닝 운영을 위한 학습관리시스템(LMS)을 점검하여 문제점을 해결하였는가?
이러닝 학습지원도구의 기능을 점검하여 문제점을 해결하였는가?
이러닝 운영에 필요한 다양한 멀티미디어기기에서의 콘텐츠 구동 여부를 확인하였는가?
교육과정별로 콘텐츠의 오류 여부를 점검하여 수정을 요청하였는가?

02 교육과정 개설활동 수행 여부에 대한 고려사항 💡 1회 필기 기출

학습자에게 제공 예정인 교육과정의 특성을 분석하였는가?
학습관리시스템(LMS)에 교육과정과 세부 차시를 등록하였는가?
학습관리시스템(LMS)에 공지사항, 강의계획서, 학습관련자료, 설문, 과제, 퀴즈 등을 포함한 사전 자료를 등록하였는가?
이러닝 학습관리시스템(LMS)에 교육과정별 평가문항을 등록하였는가?

03 학사일정 수립활동 수행 여부에 대한 고려사항 💡 1회 필기 기출

연간 학사일정을 기준으로 개별 학사일정을 수립하였는가?
원활한 학사진행을 위해 수립된 학사일정을 협업부서에 공지하였는가?
교·강사의 사전 운영 준비를 위해 수립된 학사일정을 교·강사에게 공지하였는가?
학습자의 사전 학습 준비를 위해 수립된 학사일정을 학습자에게 공지하였는가?
운영 예정인 교육과정에 대해 서식과 일정을 준수하여 관계 기관에 절차에 따라 신고하였는가?

04 수강신청 관리활동 수행 여부에 대한 고려사항

개설된 교육과정별로 수강신청 명단을 확인하고 수강승인 처리를 하였는가?
교육과정별로 수강 승인된 학습자를 대상으로 교육과정 입과를 안내하였는가?
운영 예정 과정에 대한 운영자 정보를 등록하였는가?
운영을 위해 개설된 교육과정에 교·강사를 지정하였는가?
학습과목별로 수강변경사항에 대한 사후처리를 하였는가?

02 운영활동 진행

01 이러닝 운영 학사관리의 정의

이러닝 운영 학사관리 : 학습자의 정보를 확인하고 성적처리를 수행한 후 수료 기준에 따라 처리할 수 있는 능력

02 운영진행 활동 중 학사관리가 적절하게 수행되었는지 여부를 검토하기 위해 참조할 사항

① 학습자 정보 확인활동 수행 여부에 대한 고려사항

과정에 등록된 학습자 현황을 확인하였는가?
과정에 등록된 학습자 정보를 관리하였는가?
중복 신청을 비롯한 신청 오류 등을 학습자에게 안내하였는가?
과정에 등록된 학습자 명단을 감독 기관에 신고하였는가?

② 성적 처리활동 수행 여부에 대한 고려사항

평가기준에 따른 평가항목을 확인하였는가?
평가항목별 평가 비율을 확인하였는가?
학습자가 제기한 성적에 대한 이의신청 내용을 처리하였는가?
학습자의 최종성적 확정 여부를 확인하였는가?

③ 수료 관리활동 수행 여부에 대한 고려사항

운영계획서에 따른 수료기준을 확인하였는가?
수료기준에 따라 수료자, 미수료자를 구분하였는가?
출결, 점수미달을 포함한 미수료 사유를 확인하여 학습자에게 안내하였는가?

과정을 수료한 학습자에 대하여 수료증을 발급하였는가?
감독기관에 수료결과를 신고하였는가?

03 이러닝 운영 교·강사 지원의 정의

이러닝 운영 교·강사 지원 : 일련의 절차를 통해 교·강사를 선정하고 사전교육을 실시한 후 교·강사가 수행해야 할 활동을 안내하고 독려하며 교·강사의 각종 활동사항에 대한 개선사항을 관리할 수 있는 능력

04 운영진행 활동 중 교·강사에 대한 지원 여부를 검토하기 위해 참조할 사항

① 교·강사 선정 관리활동 수행 여부 점검

자격요건에 부합되는 교·강사를 선정하였는가?
과정 운영전략에 적합한 교·강사를 선정하였는가?
교·강사 활동평가를 토대로 교·강사를 변경하였는가?
교·강사 정보보호를 위한 절차와 정책을 수립하였는가?
과정별 교·강사의 활동이력을 추적하여 활동결과를 정리하였는가?
교·강사 자격심사를 위한 절차와 준거를 마련하여 이를 적용하였는가?

② 교·강사 사전 교육활동 수행 여부에 대한 고려사항

교·강사 교육을 위한 매뉴얼을 작성하였는가?
교·강사 교육에 필요한 자료를 문서화하여 교육에 활용하였는가?
교·강사 교육목표를 설정하여 이를 평가할 수 있는 준거를 수립하였는가?

③ 교·강사 활동의 안내활동 수행 여부에 대한 고려사항

운영계획서에 기반하여 교·강사에게 학사일정, 교수학습환경을 안내하였는가?
운영계획서에 기반하여 교·강사에게 학습평가지침을 안내하였는가?
운영계획서에 기반하여 교·강사에게 교·강사 활동평가기준을 안내하였는가?
교·강사 운영매뉴얼에 기반하여 교·강사에게 학습촉진방법을 안내하였는가?

④ 교·강사 활동의 개선활동 수행 여부에 대한 고려사항

이러닝 과정 운영자는 운영계획서에 따라 교·강사 활동의 개선활동에 대한 점검을 위해 다음의 내용에 대한 수행 여부를 확인해야 한다.

학사일정에 기반하여 과제 출제, 첨삭, 평가문항 출제, 채점 등을 독려하였는가?
학습자 상호작용이 활성화될 수 있도록 교·강사를 독려하였는가?
학습활동에 필요한 보조자료 등록을 독려하였는가?

운영자가 교·강사를 독려한 후 교·강사 활동의 조치 여부를 확인하고 교·강사 정보에 반영하였는가?
교·강사 활동과 관련된 불편사항을 조사하였는가?
교·강사 불편사항에 대한 해결 방안을 마련하고 지원하였는가?
운영자가 처리 불가능한 불편사항을 실무부서에 전달하고 처리 결과를 확인하였는가?

05 이러닝 운영 학습활동 지원의 정의

이러닝 운영 학습활동 지원 : 학습환경을 최적화하고, 수강 오류를 신속하게 처리하며, 학습 활동이 촉진되도록 학습자를 지원하는 능력

06 운영진행 활동 중 학습활동에 대한 지원 여부를 검토하기 위해 참조할 사항

① 학습환경 지원활동 수행 여부에 대한 고려사항

수강이 가능한 PC, 모바일 학습환경을 확인하였는가?
학습자의 학습환경을 분석하여 학습자의 질문 및 요청사항에 대처하였는가?
학습자의 PC, 모바일 학습환경을 원격지원하였는가?
원격지원상에서 발생하는 문제 상황을 분석하여 대응방안을 수립하였는가?

② 학습안내 활동 수행 여부에 대한 고려사항

학습을 시작할 때 학습자에게 학습절차를 안내하였는가?
학습에 필요한 과제수행 방법을 학습자에게 안내하였는가?
학습에 필요한 평가기준을 학습자에게 안내하였는가?
학습에 필요한 상호작용 방법을 학습자에게 안내하였는가?
학습에 필요한 자료등록 방법을 학습자에게 안내하였는가?

③ 학습촉진 활동 수행 여부에 대한 고려사항

운영계획서 일정에 따라 학습진도를 관리하였는가?
운영계획서 일정에 따라 과제와 평가에 참여할 수 있도록 학습자를 독려하였는가?
학습에 필요한 상호작용을 활성화할 수 있도록 학습자를 독려하였는가?
학습에 필요한 온라인 커뮤니티 활동을 지원하였는가?
학습과정 중에 발생하는 학습자의 질문에 신속히 대응하였는가?
학습활동에 적극적으로 참여하도록 학습동기를 부여하였는가?
학습자에게 학습의욕을 고취시키는 활동을 수행하였는가?
학습자의 학습활동 참여의 어려움을 파악하고 해결하였는가?

④ 수강오류 관리활동 수행 여부에 대한 고려사항

학습 진도 오류 등 학습 활동에서 발생한 각종 오류를 파악하고 이를 해결하였는가?
과제나 성적처리상의 오류를 파악하고 이를 해결하였는가?
수강오류 발생 시 내용과 처리방법을 공지사항을 통해 공지하였는가?

07 이러닝 운영 평가관리의 정의

이러닝 운영 평가관리 : 과정 운영 종료 후 학습자 만족도와 학업성취도를 확인하고 과정평가 결과를 보고할 수 있는 능력

08 운영진행 활동 중 과정평가 관리활동에 대한 지원 여부를 검토하기 위해 참조할 사항

① 과정만족도 조사 활동 수행 여부에 대한 고려사항

과정만족도 조사에 반드시 포함되어야 할 항목을 파악하였는가?
과정만족도를 파악할 수 있는 항목을 포함하여 과정만족도 조사지를 개발하였는가?
학습자를 대상으로 과정만족도 조사를 수행하였는가?
과정만족도 조사 결과를 토대로 과정만족도를 분석하였는가?

② 학업성취도 관리 활동 수행 여부에 대한 고려사항

학습관리시스템(LMS)의 과정별 평가결과를 근거로 학습자의 학업성취도를 확인하였는가?
학습자의 학업성취도 정보를 과정별로 분석하였는가?
학습자의 학업성취도가 크게 낮을 경우 그 원인을 분석하였는가?
학습자의 학업성취도를 향상시키기 위한 운영전략을 마련하였는가?

03 운영활동 결과보고

01 이러닝 운영 결과관리의 정의

이러닝 운영 결과관리 : 과정 운영에 필요한 콘텐츠, 교·강사, 시스템, 운영 활동의 성과를 분석하고 개선사항을 관리하여 그 결과를 최종 평가보고서 형태로 작성하는 능력

02 운영종료 후 운영성과 관리가 적절하게 수행되었는지 검토하기 위해 참조할 사항

① 콘텐츠 운영결과 관리 활동 수행 여부에 대한 고려사항 💡 1회 필기 기출

콘텐츠의 학습내용이 과정 운영 목표에 맞게 구성되어 있는지 확인하였는가?
콘텐츠가 과정 운영의 목표에 맞게 개발되었는지 확인하였는가?
콘텐츠가 과정 운영의 목표에 맞게 운영되었는지 확인하였는가?

② 교 · 강사 운영결과 관리 활동 수행 여부에 대한 고려사항 💡 1회 필기 기출

교 · 강사 활동의 평가기준을 수립하였는가?
교 · 강사가 평가기준에 적합하게 활동 하였는지 확인하였는가?
교 · 강사의 질의응답, 첨삭지도, 채점 독려, 보조자료 등록, 학습상호작용, 학습참여, 모사답안 여부 확인을 포함한 활동의 결과를 분석하였는가?
교 · 강사의 활동에 대한 분석결과를 피드백 하였는가?
교 · 강사 활동 평가결과에 따라 등급을 구분하여 다음 과정 운영에 반영하였는가?

③ 시스템 운영결과 관리 활동 수행 여부에 대한 고려사항

시스템 운영결과를 취합하여 운영성과를 분석하였는가?
과정 운영에 필요한 시스템의 하드웨어 요구사항을 분석하였는가?
과정 운영에 필요한 시스템 기능을 분석하여 개선 요구사항을 제안하였는가?
제안된 내용의 시스템 반영 여부를 확인하였는가?

④ 운영결과 관리보고서 작성 활동 수행 여부에 대한 고려사항

학습 시작 전 운영 준비 활동이 운영계획서에 맞게 수행되었는지 확인하였는가?
학습 진행 중 학사관리가 운영계획서에 맞게 수행되었는지 확인하였는가?
학습 진행 중 교 · 강사 지원이 운영계획서에 맞게 수행되었는지 확인하였는가?
학습 진행 중 학습활동지원이 운영계획서에 맞게 수행되었는지 확인하였는가?
학습 진행 중 과정평가관리가 운영계획서에 맞게 수행되었는지 확인하였는가?
학습 종료 후 운영 성과관리가 운영계획서에 맞게 수행되었는지 확인하였는가?

🔔 유의사항

- 운영기획서의 보안에 각별히 주의한다.
- 운영기관의 주요 문서를 다루기 때문에 문서가 유출되지 않도록 각별히 주의한다.
- 운영 시 작성한 과정 운영현황 파일 관리에 각별히 주의한다.
- 과정 운영 시 수집되거나 생성된 결과물 관리에 각별히 주의한다.

Chapter 08 이러닝 운영 교육과정 관리

01 교육과정관리 계획

01 교육수요 예측 프로세스

데이터 수집 → 데이터 전처리 → 데이터 분석 → 모델 검증 → 수요 예측

02 학습자 요구 분석 방법 💡 1회 필기 기출

① **설문조사** : 학습자들에게 설문지를 배포하여 질문에 대한 답변을 수집함
② **인터뷰** : 학습자들과 일대일 인터뷰를 진행하여 학습자의 요구사항을 파악함
③ **집단 토론** : 학습자들을 집단으로 모아 토론을 진행하여 학습자들의 요구사항을 파악함
④ **관찰** : 학습자들의 학습 활동을 관찰하여 요구사항을 파악함

03 운영전략 목표 및 체계를 수립하는 방법

목표 설정 → 요구사항 파악 → 전략 수립 → 구현 방안 수립 → 평가 및 개선

04 메이거(Mager)의 ABCD 목표진술 방식 💡 1회 필기 기출

① Audience(대상) : 교수자가 아닌 학습자가 무엇을 하는가에 초점을 맞추는 것
② Behavior(행동) : 학습 이후 학습자가 지니게 되는 어떠한 행동 및 능력에 관하여 표시하고 목표를 제시하는 것, 행동 동사를 사용하는 것을 권장함
③ Conditions(조건) : 어떤 조건 하에서 관찰 가능한 행동이 야기되는지를 제시하는 것
④ Degree(정도) : 목표 진술 원칙의 최종 조건으로, 수업 목표의 달성 여부를 명확하게 확인할 수 있는 분명한 수치를 통해 실제 달성 정도를 기준으로 제시하는 것

05 교육과정 체계의 정의

교육과정 체계 : 교육과정을 구성하는 구성요소들을 체계적으로 정리한 것

06 교육과정 체계를 분석할 때 고려해야 할 것

구분	내용
교육과정 목표	교육과정의 목표를 분석하여, 학습자가 학습을 마친 후 어떤 능력과 지식을 갖출 수 있는지 파악한다.
교육과정 구성	교육과정의 내용, 교육시간, 교육 방법, 교육자와 학습자의 역할 등 교육과정의 구성을 분석한다.
교육과정의 유효성	교육과정이 학습자의 적극적인 참여와 학습 효과를 얼마나 높일 수 있는지 평가한다.
교육과정의 효율성	교육과정이 학습자 및 교육 제공자의 시간과 비용 측면에서 효율적인지 분석한다.
교육과정의 품질	교육과정이 목표 달성을 위한 품질을 충족시키는지 평가한다.
교육과정의 개선 방안	교육과정에서 개선이 필요한 부분을 파악하고, 개선 방안을 제시한다.

07 과정별 상세 정보 및 학습목표 수립 순서

교육 대상 및 목적 설정 → 학습 목표 및 내용 수립 → 교육 방법 및 평가 방법 결정 → 교육과정 계획 수립 → 교육과정 평가

08 이러닝 과정 선정 및 관리 절차

학습자 요구 파악 → 이러닝 교육과정 선정 → 교육과정 관리 → 교육과정 개선 → 학습자 참여 유도

09 교육과정 운영계획서 세부 내용 💡 1회 필기 기출

① **교육과정 개요** : 교육과정의 목적, 대상, 기간, 교육내용 등을 간략히 설명함

② **교육과정 목표** : 목표는 학습자들이 습득해야 할 지식, 기술, 태도 등을 포함함

③ **교육과정 구성요소** : 교육과정의 세부 내용, 교육방법, 교육자원 등을 포함

④ **교육과정 일정** : 일정은 학습목표와 교육과정 구성요소를 고려하여 계획함

⑤ **교육자원** : 교육과정에서 사용되는 교재, 교육장비, 교육인력 등

⑥ **교육방법** : 학습자들의 특성, 교육과정의 목적, 내용 등을 고려하여 선정함

⑦ **교육평가** : 평가 방법은 학습목표와 교육과정 구성요소를 기반으로 정의함

⑧ **예산 및 비용 계획** : 교육과정의 일정, 교육자원, 교육방법 등을 고려하여 예산과 비용을 산출함

02 교육과정 관리 진행

01 교육과정 관리 프로세스와 항목별 특징

① 교육과정 계획

② 교육과정 설계

③ 교육과정 구현

④ 교육과정 운영

⑤ 교육과정 평가

⑥ 교육자원 관리(교재, 교육장비, 교육인력)

⑦ 예산 및 비용 관리

02 교육을 진행할 때 협업을 하는 관련 부서들

① **교육기획팀** : 온라인 교육 콘텐츠의 기획 및 개발을 담당하는 부서

② **시스템팀** : 온라인 교육 시스템의 운영과 관리를 담당하는 부서

③ **학습지원팀** : 온라인 교육에서는 학습자들의 궁금증이나 문제점을 해결하는 지원 부서

④ **마케팅팀** : 온라인 교육 콘텐츠를 홍보하고, 학습자들의 참여율을 높이기 위해 마케팅 활동을 담당하는 부서

03 과정관리 매뉴얼

① **교육운영 계획서** : 교육과정의 목표, 개발 및 운영 일정, 참여자 대상 및 교육 방법 등의 정보가 포함되어 있음

② **수강생 관리 매뉴얼** : 수강생 등록, 출결 및 수료, 수료 기준 등을 포함

③ **교육과정 운영 매뉴얼** : 교육과정 운영시 필요한 내용, 강사 및 교육자원 준비, 교육장소 및 시설 준비, 교육과정 운영 절차 등을 포함

④ **강사 및 교육자원 관리 매뉴얼** : 강사 및 교육자원 관리, 선발 절차, 관리 방법 등을 포함

⑤ **교육과정 평가 매뉴얼** : 교육과정 평가 대상, 평가 방법 및 절차, 평가 결과 활용 방안 등을 포함

⑥ **예산 및 경비 관리 매뉴얼** : 교육과정 운영을 위한 예산 수립 방법, 경비 청구 및 결제 절차 등을 포함

04 **운영 성과를 정리할 때 고려사항** 🔆 1회 필기 기출

① **수강생 만족도** : 만족도 조사를 실시하여 수강생의 의견을 수집하고, 그 결과를 바탕으로 개선 방안을 도출함

② **수강생 성적** : 수강생의 성적을 평가하고, 성취도를 측정하여 그 결과를 바탕으로 교육과정을 개선함

③ **교육자료 품질** : 교육자료의 품질 · 자료의 정확성 · 완성도 · 유효성 등을 평가하고, 개선 방안을 도출함

④ **강사 성과** : 강사의 수업 방식 · 전달력 · 커뮤니케이션 능력 · 성과를 평가함

⑤ **예산 집행 및 경비 관리** : 교육과정 운영을 예산 집행 및 경비 관리 결과를 파악하여 경제적 효율을 도출함

⑥ **교육과정 개선 사항** : 운영 성과 평가 결과를 바탕으로 교육과정 개선 사항을 도출 및 제안하고, 실행 계획을 수립함

05 **교육과정 품질 평가 기준을 잡을 때 고려할 요소들**

① **목표 및 내용의 명확성** : 교육과정이 목표와 내용이 명확하게 설정되었는가?

② **교육자의 전문성** : 교육과정을 진행하는 교육자의 전문성은 충분한가?

③ **교육 방법의 적절성** : 교육과정에서 채택된 교육 방법이 수강생들의 학습에 적절한가?

④ **교육 자료의 질** : 교육과정에서 사용되는 교육 자료의 질은 어느 수준인가?

⑤ **수강생의 인적 요건** : 교육과정이 수강생의 인적 요건과 맞춰져 있는가?

⑥ **학습 결과의 질** : 교육과정을 수강한 수강생들의 학습 결과의 질은 어느 수준인가?

03 교육과정 관리 결과 보고

01 **운영 결과 분석의 순서**

① **데이터 수집** : 교육과정에서 수집된 데이터를 정리하고 분석한다. 이 데이터들은 학습자들의 평가, 참여도, 학습 효과 등을 포함한다.

② **데이터 분석** : 수집된 데이터를 분석하여 교육과정의 각 단계에서 발생한 문제점, 성공적인 부분, 개선이 필요한 부분 등을 파악한다.

③ **시사점 도출** : 데이터 분석을 기반으로 교육과정에서 발생한 시사점을 도출한다. 이 시사점

은 교육의 효과, 향상 방안, 개선할 점 등을 포함한다.

④ **보고서 작성** : 도출된 시사점들을 토대로 완료 보고서를 작성한다. 보고서에는 교육과정의 개선 사항, 성과, 다음 교육에서 개선할 점 등을 포함시킬 수 있다.

02 온라인 교육을 마친 후 운영 결과를 분석할 때 정리할 내용

① **데이터 수집의 예시** : 참여자 정보, 참여도, 만족도, 학습 효과, 피드백, 비용 대비 효과 등
② **데이터 분석의 예시** : 교육 계획 단계 분석, 교육 운영 단계 분석, 교육 평가 단계 분석

03 온라인 교육을 마친 후 운영 결과보고서에 넣을 내용 🔔 1회 필기 기출

① **교육 대상** : 교육을 받은 학습자들의 정보, 인원 수, 직급, 직무, 연령대, 학력, 경력 등
② **교육 일정** : 교육 일정 및 진행 상황 등
③ **교육 목표** : 교육 목적, 교육 내용, 목표 수준, 학습 목표, 학습 방법, 평가 방법 등
④ **교육 방법** : 동영상 강의, 온라인 강의실, 토론 게시판, 채팅, 게임 기반 학습 등
⑤ **교육 평가** : 만족도, 학습효과, 개선사항, 참여도, 강사 평가, 교육 자료 평가, 교육 시스템 평가
⑥ **참고 자료** : 강의 자료, 참고 자료, 교육 관련 법령, 교육 플랫폼 관련 자료, 참석자 명단, 기타 자료

04 시사점 도출 및 피드백 시 참고할 내용

① **교육의 내용** : 교육의 내용이 명확하고 적절한지, 참여 학습자들이 이해하기 쉬운지 등을 평가한다.
② **교육 방법** : 교육 방법이 효과적인지, 참여 학습자들의 관심과 참여도를 높이는 데 충분한지 등을 평가한다.
③ **교육자의 역할** : 교육자의 역할과 능력이 적절한지, 학습자들과의 상호작용이 원활한지 등을 평가한다.
④ **교육의 효과** : 교육을 통해 목표했던 결과가 달성되었는지, 학습자들이 어떤 변화를 겪었는지 등을 파악한다.
⑤ **향상 방안** : 교육의 효과를 높이기 위한 방안을 제시한다.
⑥ **개선할 점** : 교육과정에서 발생한 문제점과 개선할 점을 파악한다.
⑦ **학습자들의 의견** : 교육에 참여한 학습자들의 의견을 적극 수렴하고, 학습자들이 교육에 대해 어떤 생각을 가지고 있는지, 만족 요소와 불만족 요소 등을 파악한다.
⑧ **교육의 지속성** : 교육의 효과를 지속적으로 유지하기 위한 방안을 제시한다.

05 커크패트릭(Kirkpatrick)의 4단계 평가모형 [2024 실기 기출]

측정 수준		내용	평가 내용	평가 방법
1단계	반응평가 [Reaction]	**교육과정에 대해 학습자들이 만족했는가?** 프로그램에 대한 느낌과 만족도를 측정함	교육과 강사 관련 내용	• 설문지 • 인터뷰
2단계	학습평가 [Learning]	**교육과정에서 무엇을 배웠는가?** 프로그램 이수의 결과로 지식, 기술, 태도를 얼마나 향상시키고 변화시켰는가를 일정 시점 이후에 측정함	교육목표 달성도	• 사전/사후 검사비교 • 통제/연수 집단비교 • 지필검사 • 체크리스트
3단계	행동평가 [Behavior]	**참가자들이 학습한 대로 행동하고 있는가?** 프로그램을 통해 학습한 지식, 태도 등을 직무에 얼마나 적용하고 있는가를 측정함	학습내용의 현업 적용도	• 통제/연수 집단비교 • 인터뷰 • 설문지 • 관찰
4단계	성과평가 [Result]	**조직에 어떤 성과를 제공했는가?** 프로그램 이수의 결과가 조직의 사업과 성장에 어느 정도 영향을 미쳤는가를 측정함	기업이 얻는 이익	• 통제/연수 집단비교 • 사전/사후 검사비교 • 비용/효과 고려

Chapter 09 이러닝 운영 결과 관리

01 콘텐츠 운영결과 관리

01 학습내용 적합성 평가의 필요성

① 이러닝 학습콘텐츠의 학습내용이 운영하고자 하는 교육과정의 특성에 적합한지를 확인하기 위함

② 학습과정을 운영한 이후에 학습내용을 수정하거나 보완할 부분은 없는지 등의 측면에서 적합성을 평가하고 관리하기 위함

02 학습내용 적합성 평가의 기준 💡1회 필기 기출

① **학습목표** : 학습목표가 명확하고 적절하게 제시되고 있는가?

② **학습내용 선정** : 학습자의 지식, 기술, 경험의 수준에 맞는 학습내용으로 구성되어 있는가?

③ **학습내용 구성 및 조직** : 학습내용을 체계적이고 조직적으로 구성하였는가?

④ **학습난이도** : 학습자의 지식수준이나 발달단계에 맞게 학습내용을 구성하였는가?

⑤ **학습 분량** : 학습내용을 학습하기에 적절한 학습시간을 고려하고 있는가?

⑥ **보충 심화 학습자료** : 학습내용의 특성과 학습자의 수준과 특성을 고려하여 제공하고 있는가?

⑦ **내용의 저작권** : 학습내용이나 보조 자료에 대한 저작권은 확보되어 있는가?

⑧ **윤리적 규범** : 학습내용과 관련하여 윤리적인 편견이나 선입관이 없으며, 사회적으로 문제가 될 수 있는 내용이 없는가?

03 교육과정의 운영목표와 학습콘텐츠의 적합성 여부를 확인하는 방법

① 운영기획서의 과정 운영목표와 학습 콘텐츠의 내용 일치 여부 확인

② 운영기관 홈페이지의 과정 운영 목표와 학습 콘텐츠의 내용 일치 여부 확인

04 과정운영 목표의 정의

① 과정운영 목표는 이러닝 학습과정을 운영하는 기관에서 설정한 교육과정 운영을 위한 목표를 의미

② 교육기관에서 다루고 있는 교육내용의 방향성과 범위를 결정하는 주요 지표로 작용할 수 있음

05 교육과정 운영 목표와 학습 콘텐츠의 내용이 적합하지 않은 것으로 판단된 경우 처리 방법

① 운영기획서의 과정 운영목표와 학습 콘텐츠의 내용이 부합하지 않는 경우
 - 상급자에게 보고하기
 - 학습콘텐츠 내용구성상의 문제인 경우 관련 내용전문가에게 적합한 내용으로 교체 요청하기
 - 운영기획서의 문제인 경우 운영 담당자는 내부 관련 팀이나 담당자들의 협의를 통해 내용을 변경하도록 요청하기

② 운영기관 홈페이지의 과정 운영 목표와 학습 콘텐츠의 내용이 부합하지 않는 경우
 - 상급자에게 보고하기
 - 학습콘텐츠 내용구성상의 문제인 경우 운영 담당자는 적합한 내용으로 변경한 후 해당 학습 콘텐츠의 내용을 변경해야 함
 - 운영 홈페이지의 문제인 경우 내부 회의를 거쳐 신속하게 홈페이지의 내용을 수정해야 함

06 콘텐츠 개발 적합성 평가 관리

① 학습콘텐츠 개발 적합성 평가의 필요성 : 학습콘텐츠의 품질은 학습목표를 달성하는데 매우 중요하기 때문

② 학습콘텐츠 개발 적합성 평가의 기준
 • 학습자들의 학습과정 목표 달성도가 어느 정도인지를 산출함
  - 운영기획서의 과정 운영목표 확인
  - 운영기관 홈페이지의 과정 운영 목표 확인
  - 학습콘텐츠의 학습목표 달성 적합도 확인하기
 • 학습콘텐츠는 체계적으로 학습활동을 수행하는데 도움이 되도록 설계되었는지 파악하기

– 만족도 검사 결과 확인하기

– 교수설계 요소에 대한 반응 확인하기

• 학습콘텐츠를 사용하는 학습 과정에서 어려움은 겪지는 않았는지 파악하기

– 불편사항 확인 후 보완하기

• 학습콘텐츠에서 활용하고 있는 학습내용에 대한 평가 내용과 방법이 적절한지 파악하기

• 학습콘텐츠의 전체적인 학습시간이 학습에 요구되는 학습시간(1차시 최소 25분 이상)을 충족하는지 파악하기

③ **교육용 콘텐츠 품질인증**

– 이러닝 제공기관이나 이러닝 개발자들의 자체 기준에 의해 개발된 콘텐츠가 교육적 활용이 가능한지 적부 판정을 하는 콘텐츠 품질인증

– 이러닝에 활용되는 콘텐츠들의 현장 적용 가능성에 대한 평가를 의미함

07 이러닝 운영 프로세스의 의미

① **정의 1** : 이러닝 운영 프로세스는 이러닝을 기획하고 준비하는 단계에서부터 이러닝 학습활동과 평가활동을 수행한 후, 평가결과와 운영결과를 활용하고 관리하는 단계에 이르는 전반적인 과정을 의미함

② **정의 2** : 이러닝 학습환경에서 교수–학습을 효율적이고 체계적으로 수행할수 있도록 지원하고 관리하는 총체적인 활동을 의미하며 기획, 준비, 실시, 관리 및 유지의 과정으로 구성됨

08 학습콘텐츠 운영 적합성 평가의 필요성

① 이러닝 학습콘텐츠가 교육과정의 운영 목표를 달성하는데 적합하게 활용되었는지를 확인하고 관리하기 위함

② 학습과정을 운영한 이후 학습콘텐츠의 활용에 대해 보완할 부분은 없는지 등의 측면에서 적합성을 평가하고 관리할 필요가 있음

09 학습콘텐츠 운영 적합성 평가의 기준

① **운영 준비 과정에서 학습콘텐츠 오류 적합성 확인**

– 운영자료 확인하기

– 학습콘텐츠 오류 확인하기

– 기타 오류 확인하기

② 운영 준비 과정에서 학습콘텐츠 탑재 적합성 확인

　　– 학습콘텐츠 LMS 탑재 여부 확인하기

　　– 학습콘텐츠 탑재 오류 원인 파악하기

③ 운영과정에서 학습콘텐츠 활용 안내 적합성 확인

　　– 학습콘텐츠 활용 안내 확인하기

　　– 학습콘텐츠 활용 안내 개선하기

③ 운영평가 과정에서 학습콘텐츠 활용의 적합성 확인

　　– 학습콘텐츠 활용 만족도 확인하기

　　– 학습콘텐츠 활용 개선사항 도출하기

10 이러닝 프로세스의 학습 전 · 중 · 후별 직무

① **학습 전 영역** : 이러닝 운영을 사전에 기획하고 준비하는 직무가 수행됨

② **학습 중 영역** : 실제로 이러닝을 통해 교수학습활동을 수행하고 이를 지원하는 직무가 수행됨

③ **학습 후 영역** : 이러닝 학습결과와 운영결과를 관리하고 유지하는 직무가 수행됨

11 학습 콘텐츠의 운영 특성이 일치하지 않을 때 조치사항

① 학습콘텐츠의 오류로 인해 운영에 문제가 발생하는 경우

　　– 내용전문가의 수정 요청하기

　　– 개발자의 수정 요청하기

② 학습콘텐츠의 불안전한 탑재로 인해 운영에 문제가 발생하는 경우

　　– 학습콘텐츠 내용 검토 요청하기

　　– 학습콘텐츠 탑재 오류 확인하기

③ 학습콘텐츠 활용에 대한 안내활동 부족으로 문제가 발생하는 경우

　　– 학습과정에 대한 정보를 다양한 방법으로 학습자에게 정확하게 안내해야 함

④ 학습콘텐츠의 만족도가 부족해서 문제가 발생하는 경우

　　– 학습자에게 학습콘텐츠의 불편사항을 수렴하여 개선사항을 도출해야 함

02 교·강사 운영결과 관리

01 교·강사 활동 평가의 중요성

교·강사 활동에 대한 평가와 관리는 학습 성과와 운영과정의 성과에 영향을 미치기 때문에 중요하며, 이러닝 운영과정에서 교·강사들의 적극적인 운영활동 참여를 끌어내기 위해서는 보상체계와 연계되어 운영하는 것이 필요함

02 교·강사의 활동 [2024 실기 기출]

역할	역할 설명
내용전문가	내용전문성을 기초로 학습내용에 관해 설명하고, 학생들의 질의에 답변하는 등의 활동을 수행하는 것으로 교·강사의 가장 핵심적인 역할
촉진자	학습활동을 수행하는 과정에서 학습자들에게 동기를 부여하고 상호작용을 기반으로 학습활동을 촉진할 수 있도록 지원하는 활동을 수행하는 역할
안내자 및 관리자	학습활동을 위해 필요한 정보를 공지하고 학습활동을 관리하는 활동을 수행하는 역할

03 교·강사의 활동 평가의 개념

교·강사가 이러닝 과정의 교수활동을 수행하는 과정에서 어떠한 역할을 수행하였는가를 객관적으로 평가하는 것

04 교·강사 활동 평가를 위한 고려사항

이러닝 과정운영자가 교·강사의 튜터링 활동 전반에 대한 모니터링과 관리가 가능하도록 학습관리시스템(LMS)의 기능이 지원되어야 함

05 교·강사 활동 평가 기준

① 기업교육기관의 평가기준
  – 주로 교·강사의 튜터링 활동(수업운영 활동) 내용을 평가함
② 초중등 기관의 평가기준
  – **수업운영** : 시도교육청 지원, 수업운영, 학습지원 기능
  – **콘텐츠** : 콘텐츠 속성, 콘텐츠 기능

③ 사이버대학과 같은 고등교육 기관에서의 평가기준

- **수업운영** : 학습내용, 수업운영, 강의 추천 등
- **콘텐츠** : 수업 콘텐츠, 교수의 강의

06 교·강사 활동 진행 순서

① 교·강사 활동 평가 기준을 수립

- 운영기관의 특성 확인
- 운영기획서의 과정 운영 목표 확인
- 교·강사 활동에 대한 평가기준 작성
- 작성된 교·강사 활동 평가 기준의 검토

② 교·강사 활동을 평가기준에 적합하게 평가

- 학습관리시스템(LMS)에 저장된 과정 운영 정보 및 자료 확인
  - 과정 운영정보 및 자료 확인하기
  - 교·강사의 세부 활동 내용 확인하기
- 학습자들의 학습만족도 조사결과 확인
  - 과정 만족도 조사결과 확인하기
  - 과정 만족도 조사결과 평가하기
- 교·강사 활동 평가 항목 입력
  - 교·강사 활동 평가하기
  - 교·강사의 활동 반영하기

07 교·강사 활동 결과 분석 시 확인사항

① 질의응답의 충실성 분석

- 학습관리시스템(LMS)의 질의응답 게시판 기록 확인
- 교·강사의 질의응답 결과 자료 분석
- 분석된 교·강사의 질의응답 결과 기록

② 첨삭지도 및 채점활동 분석

- 학습관리시스템(LMS)의 과제(리포트) 게시판 기록 확인
- 교·강사의 과제(리포트) 첨삭지도 및 채점활동 결과 자료 분석
- 분석된 교·강사의 첨삭지도 및 채점활동 결과 기록

③ 보조자료 등록 현황 분석

– 학습관리시스템(LMS)의 보조자료 등록 활동 기록 확인

– 교·강사의 보조자료 등록 활동 결과 자료 분석

– 분석된 교·강사의 보조자료 등록 활동 결과 기록

④ 학습 상호작용 활동 분석

– 학습관리시스템(LMS)의 상호작용 활동 기록 확인

– 교·강사의 상호작용 활동 결과 자료 분석

– 분석된 교·강사의 상호작용 활동 결과 기록

⑤ 학습참여 독려 현황 분석

– 학습관리시스템(LMS)의 학습참여 촉진 및 독려 기록 확인

– 교·강사의 학습참여 촉진 및 독려 활동 결과 자료 분석

– 분석된 교·강사의 학습참여 촉진 및 독려 활동 결과 기록

⑥ 모사답안 여부 확인 활동 분석

– 학습관리시스템(LMS)의 모사답안 기록 확인

– 교·강사의 모사답안 처리 결과 자료 분석

– 분석된 교·강사의 모사답안 처리 결과 기록

08 교·강사 활동 분석 결과를 피드백하는 과정

① 교·강사 활동 분석 결과 제공

이러닝 과정운영자는 교·강사들의 과정 운영 활동에 대한 결과를 분석하여 개선방안과 함께 안내함

② 교·강사 활동 개선하기

이러닝 과정운영자는 교·강사에게 제공된 분석 결과와 개선방안과 관련하여 필요한 교육훈련을 이수할 수 있는 기회를 주고 참여를 요청할 수 있음

09 교·강사 활동 평가 결과 등급 구분

① 이러닝 운영기관의 운영 담당자는 교·강사들의 활동 결과를 등급화하여 관리해야 함

② 활동이 우수한 교·강사에 대해서는 인센티브를 부여

③ 활동이 저조한 교·강사에 대해서는 향후 과정을 운영할 때 불이익을 주거나 과정 운영에서 배제

④ 등급 구분 방법은 학습자들의 만족도 평가와 학습관리시스템(LMS)에 저장된 활동 내역에 대한 정보를 활용하여 진행함

⑤ 교·강사 활동 평가 결과를 기반으로 하는 교·강사의 등급은 A, B, C, D 등으로 산정될 수 있음

- A등급 : 매우 양질의 우수한 교·강사
- B등급 : 보통 등급의 교·강사
- C등급 : 활동이 미흡하거나 다소 부족한 교·강사
- D등급 : 교·강사로서의 활동이 불량하여 다음 과정의 운영 시에 배제해야 할 대상

⑥ C등급의 경우는 일부 교육훈련을 통해서 양질의 교·강사로서의 역할을 수행하도록 함

03 시스템 운영결과 관리

01 학습관리시스템(Learning Management System)의 개념

LMS의 정의 : 웹 기반 온라인 학습환경에서의 교수-학습을 효율적이고 체계적으로 준비, 실시, 관리할 수 있도록 지원해주는 시스템을 의미

02 학습관리시스템(Learning Management System)의 기능 구성

① 교수자의 교수활동 지원 기능 : 수업을 설계하고 수업과정에서의 질문에 대한 답변, 과제제출 및 평가, 퀴즈 및 평가문항 출제 및 평가, 학생들의 학습 진도 체크, 학습공지, 학생관리 등을 수행할 수 있는 기능을 제공함

② 학습자의 학습활동 지원 기능 : 질의응답, 토론참여, 과제작성 및 제출, 학습콘텐츠 학습, 진도조회, 평가 및 성적확인, 자유게시 활동 등을 수행할 수 있는 기능을 제공함

② 운영 및 관리자의 운영관리활동 지원 기능 : 학생 및 교수, 조교에 대한 정보관리, 과목별 학생관리, 과목정보관리, 학습현황분석 및 각종 통계처리 및 출력, 과목이수정보 관리 등을 수행할 수 있는 기능을 제공함

03 이러닝 시스템 운영 결과

이러닝 시스템 운영결과 : 이러닝 운영을 준비하는 과정, 운영을 실시하는 과정, 운영을 종료하고 분석하는 과정에서 취합된 시스템 운영결과를 의미함

04 운영 준비과정을 지원하는 시스템 운영결과 구성 요인

① 운영환경 준비를 위한 시스템 운영결과 확인사항 : 학습사이트 이상 유무 분석결과, 학습관리시스템(LMS) 이상 유무 분석결과, 멀티미디어 기기에서의 콘텐츠 구동에 관한 이상 유무 분석결과, 단위 콘텐츠 기능의 오류 유무 분석결과 등

② 교육과정 개설 준비를 위한 시스템 운영결과 확인사항 : 개강 예정인 교육과정의 특성과 세부 차시, 과정 관련 공지사항, 강의계획서, 학습관련자료, 설문을 포함한 여러 가지 사전 자료, 교육과정별 평가문항을 등록할 때 있었던 시스템 기능 오류 분석결과 등

③ 학사일정 수립 준비를 위한 시스템 운영결과 확인사항 : 과정별 학사일정을 수립하고, 수립된 학사일정을 교·강사와 학습자에게 공지하는 활동을 수행하는데 학습관리시스템(LMS) 기능에 문제가 없었는지를 확인

④ 수강신청 관리 준비를 위한 시스템 운영결과 확인사항 : 수강 승인명단에 대한 수강 승인, 교육과정 입과 안내, 운영자 정보 등록, 교·강사 지정 등록, 수강 변경사항에 대한 처리 등의 기능이 학습관리시스템(LMS)에서 원활하게 지원되었는지를 확인

05 운영 실시과정을 지원하는 시스템 운영결과 구성 요인

① 학사관리 기능 지원을 위한 시스템 운영결과 확인사항 : 학습자 관리 기능, 성적처리 기능, 수료 관리 기능에 대한 지원에 이상 유무가 있었는지를 확인

② 교·강사 활동 기능 지원을 위한 시스템 운영결과 확인사항 : 교·강사 선정 관리 기능, 교·강사 활동 안내 기능, 교·강사 수행 관리 기능, 교·강사 불편사항 지원 기능에 대한 지원에 이상 유무가 있었는지를 확인

③ 학습자 학습활동 기능 지원을 위한 시스템 운영결과 확인사항 : 학습환경 지원 기능, 학습과정 안내 기능, 학습촉진 기능, 수강오류 관리 기능에 대한 지원에 이상 유무가 있었는지를 확인

④ 이러닝 고객활동 기능 지원을 위한 시스템 운영결과 확인사항 : 고객유형 분석 기능, 고객채널 관리기능, 게시판 관리 기능, 고객요구사항 지원 기능에 대한 지원에 이상 유무가 있었는지를 확인

06 운영 완료 후 시스템 운영결과 구성 요인

① 이러닝 과정 평가관리 기능 지원을 위한 시스템 운영결과 확인사항 : 과정만족도 조사 기능, 학업성취도 관리 기능, 과정평가 타당성 검토 기능, 과정평가 결과 보고 기능에 대한 지원에 이상 유무가 있었는지를 확인
② 이러닝 과정 운영성과 관리 기능 지원을 위한 시스템 운영결과 확인사항 : 이러닝 과정 운영성과 관리 기능 지원을 위한 시스템 운영결과는 콘텐츠 평가 관리기능, 교 · 강사 평가 관리 기능, 시스템운영 결과 관리 기능, 운영활동 결과 관리 기능, 개선사항 관리 기능, 최종 평가보고서 작성 기능에 대한 지원에 이상 유무가 있었는지를 확인

07 이러닝 시스템 운영성과 분석

① **운영 준비과정 시스템 운영성과 분석** : 운영환경 준비 기능, 교육과정 개설 준비 기능, 학사일정수립 준비기능, 수강신청관리 준비 기능
② **운영 실시과정 시스템 운영성과 분석** : 학사관리 지원 기능, 교 · 강사 활동 지원 기능, 학습자 학습활동 지원 기능, 이러닝 고객활동 지원 기능
③ **운영 완료 후 시스템 운영성과 분석** : 평가관리 지원 기능, 운영성과 관리 지원 기능

🔋 유의사항

• 운영기획서의 보안에 각별히 주의한다.
• 운영기관의 주요문서를 다루기 때문에 문서가 유출되지 않도록 각별히 주의한다.
• 운영 시 작성한 시스템 운영현황 파일 관리에 각별히 주의한다.
• 과정 운영 시 수집되거나 생성된 결과물 관리에 각별히 주의한다.

04 운영결과 관리 보고서 작성

01 이러닝 운영 성과 관련 자료 `2024 실기 기출`

	운영과정	세부 수행 내용	관련 자료
운영 준비	운영기획과정	운영요구 분석 운영제도 분석 운영계획 수립	운영계획서 운영 관계 법령
	운영 준비과정	운영환경 분석 교육과정 개설 학사일정 수립	학습과목별 강의계획서 교육과정별 과정개요서
운영 실시	학사관리	학습자 관리 성적 처리 수료 관리	학습자 프로파일 자료
	교·강사 활동 지원	교·강사 선정 관리 교·강사 활동 안내 교·강사 수행 관리 교·강사 불편사항 지원	교·강사 프로파일 자료 교·강사 업무현황 자료 교·강사 불편사항 취합 자료
	학습활동 지원	학습환경 지원 학습과정 안내 학습 촉진 수강오류 관리	학습활동 지원 현황 자료
	고객지원	고객유형 분석 고객채널 관리 게시판 관리 고객요구사항 지원	고객지원 현황 자료
	과정평가관리	과정만족도 조사 학업성취도 관리 과정평가 타당성 검토 과정평가 결과보고	과정만족도 조사 자료 학업성취 자료 과정평가 결과보고 자료
운영 종료 후	운영 성과관리	콘텐츠 평가 관리 교·강사 평가 관리 시스템 운영 결과 관리 운영활동 결과 관리 개선사항 관리 최종 평가보고서 작성	과정 운영 계획서 콘텐츠 기획서 교·강사 관리 자료 시스템 운영 현황 자료 성과 보고 자료
	유관부서 업무지원	매출업무 지원 사업기획업무 지원 콘텐츠업무 지원 영업업무 지원	매출 보고서 과정 운영계획서 운영결과 보고서 콘텐츠 요구사항 정의서

02 이러닝 운영 준비 과정 관련 자료 [2024 실기 기출]

관련 자료 명칭	내용 설명
과정 운영계획서	– 이러닝 과정을 운영하기 위한 계획을 담고 있는 자료 – 학습자, 고객, 교육과정, 학습환경 등에 관한 운영 요구를 분석한 내용, 최신 이러닝 트렌드, 우수 운영사례, 과정 운영 개선사항 등의 내용, 운영 제도의 유형 및 변경사항, 과정 운영을 위한 전략, 일정계획, 홍보계획, 평가전략 등의 운영계획을 포함한 내용으로 구성됨
콘텐츠 기획서	– 이러닝 콘텐츠에 관한 기획 내용을 담고 있는 자료 – 내용 구성, 교수학습 전략, 개발 과정, 개발 일정 및 방법, 개발 인력, 품질 관리 방법 등의 내용으로 구성됨
운영 관계 법령	– 이러닝 운영에 영향을 미치는 주요 법령을 의미함 – 고등교육법, 평생교육법, 직업능력개발법, 학원의 설립, 운영 및 과외 교습에 관한 법률 등에 관한 내용으로 구성됨
학습과목별 강의계획서	– 단위 운영과목에 관한 세부 내용을 담고 있는 문서 – 강의명, 강사, 연락처, 강의 목적, 강의 구성 내용, 강의 평가기준, 세부 목차, 강의 일정 등의 내용으로 구성됨
교육과정별 과정개요서	– 교육과정에 관한 세부 내용을 담고 있는 문서 – 교육목표를 달성하기 위해 교육내용과 학습활동을 체계적으로 편성, 조직한 것으로 단위 수업의 구성요소와는 구별되는 내용으로 구성됨

03 이러닝 운영 실시 과정 관련 자료

관련 자료 명칭	내용 설명
학습자 프로파일	– 학습자에 관한 제반 정보를 담고 있는 자료로 학습자의 신상 정보, 학습이력 정보, 학업성취 정보, 학습선호도 정보 등으로 구성됨 – 학습자 프로파일 정보에 관한 자료는 학습자가 수강신청을 하고 과정을 이수하여 수료한 결과를 모두 포함하는 내용으로 구성되어 지속적으로 관리가 됨 – 학습자 프로파일에 관한 표준화가 이루어지면 운영되는 과정이 무엇이든 상관없이 학습자에 관한 세부 특성 자료를 공유하고 호환할 수 있지만, 표준화가 이루어지지 않은 상태에서는 운영기관별로 관리하므로 기관끼리 상호 호환할 수 없는 특성을 지님
교·강사 프로파일	– 교·강사에 관한 정보를 담고 있는 자료 – 기본적인 신상에 관한 정보, 교·강사의 전공 및 전문성에 관한 정보, 교·강사의 자격에 관한 정보, 교·강사의 과정 운영 이력에 관한 정보 등으로 구성됨
교·강사 업무현황 자료	– 과정 운영 과정에서 교·강사가 수행한 업무활동에 관한 내용을 담고 있는 자료 – 교·강사가 수행해야 할 활동에 대한 인식 정도와 운영과정에서 교·강사 수행 역할에 관한 수행정보 등으로 구성됨

교·강사 불편사항 취합자료	– 과정 운영 과정에서 교·강사가 불편함을 호소한 내용을 어떻게 처리했는가에 대한 자료 – 운영자가 해결방안을 마련하고 실무부서에 전달하여 처리했는지에 대한 내용으로 구성됨
학습활동 지원 현황 자료	– 학습자가 이러닝 학습을 수행하는 과정에서 적절한 지원을 받았는지에 대한 현황을 담고 있는 자료 – 학습자들의 학습 환경을 분석하고 지원하는 방안, 학습과정에 대한 안내활동, 학습촉진활동, 수강오류관리 등에 관한 내용으로 구성됨
고객지원 현황 자료	– 이러닝 고객에 대한 자료 – 고객의 유형분석, 고객채널 관리, 게시판 관리, 고객 요구사항 지원하기 등의 내용으로 구성됨
과정만족도 조사 자료	– 이러닝 과정의 학습활동에 관한 학습자 만족도를 조사하는 자료 – 주로 설문을 통해 관리됨 – 주로 교육과정의 내용, 운영자의 지원활동, 교·강사의 지원활동, 학습시스템의 용이성, 학습콘텐츠의 만족도 등의 내용으로 구성됨
학업성취도 자료	– 학습관리시스템에 등록된 학습자의 학업성취 기록에 관한 자료 – 시험성적, 과제물 성적, 학습과정 참여성적, 출석관리자료에 관한 내용으로 구성됨
과정평가 결과 보고자료	– 이러닝 운영 과정의 전반적인 결과를 보고하는 자료 – 학습자별 학업성취 현황, 교·강사 만족도 현황, 학습자 만족도 현황, 운영과정의 전반적인 만족도 분석 결과, 수료현황, 만족도, 개선사항 등의 운영 결과로 구성됨

04 이러닝 운영 종료 후 과정 관련 자료

관련 자료 명칭	내용 설명
교·강사 관리자료	– 과정 운영에 참여한 교·강사 활동에 관한 관리 자료 – 교·강사 활동에 관한 평가기준, 평가활동 수행의 적합성 여부, 교·강사 활동에 관한 결과, 교·강사 등급 평가 등의 내용으로 구성됨
시스템 운영 현황 자료	– 이러닝 시스템의 운영결과를 취합한 성과 분석 자료 – 이러닝 시스템의 기능 분석, 하드웨어 요구사항 분석, 기능 개선 요구사항에 대한 시스템 반영 여부 등의 내용으로 구성됨
성과 보고 자료	– 이러닝 과정 운영활동에 대한 결과를 보고하는 자료 – 운영 준비 활동, 운영 실시 활동, 운영 종료 후 활동에 대한 결과를 분석한 내용으로 구성됨
매출 보고서	– 이러닝 운영 결과에 대한 매출 자료 – 매출 자료를 작성하고 보고하는 내용으로 구성됨

05 이러닝 운영 준비과정에 대한 개선사항 도출

준비과정	자료 및 결과 확인 문항	개선사항 입력
운영환경준비	이러닝 서비스를 제공하는 학습사이트를 점검하여 문제점을 해결하였는가?	
	이러닝 운영을 위한 학습관리시스템(LMS)을 점검하여 문제점을 해결하였는가?	
	이러닝 학습지원도구의 기능을 점검하여 문제점을 해결하였는가?	
	이러닝 운영에 필요한 다양한 멀티미디어 기기에서의 콘텐츠 구동 여부를 확인하였는가?	
	교육과정별로 콘텐츠의 오류 여부를 점검하여 수정을 요청하였는가?	
교육과정개설 🔆 1회 필기 기출	학습자에게 제공 예정인 교육과정의 특성을 분석하였는가?	
	학습관리시스템(LMS)에 교육과정과 세부 차시를 등록하였는가?	
	학습관리시스템(LMS)에 공지사항, 강의계획서, 학습관련 자료, 설문, 과제, 퀴즈 등을 포함한 사전 자료를 등록하였는가?	
	이러닝 학습관리시스템(LMS)에 교육과정별 평가 문항을 등록하였는가?	
학사일정수립	연간 학사일정을 기준으로 개별 학사일정을 수립하였는가?	
	원활한 학사진행을 위해 수립된 학사일정을 협업부서에 공지하였는가?	
	교·강사의 사전 운영 준비를 위해 수립된 학사일정을 교·강사에게 공지하였는가?	
	학습자의 사전 학습 준비를 위해 수립된 학사일정을 학습자에게 공지하였는가?	
	운영예정인 교육과정에 대해 서식과 일정을 준수하여 관계 기관에 절차에 따라 신고하였는가?	
수강신청관리	개설된 교육과정별로 수강신청 명단을 확인하고 수강승인 처리를 하였는가?	
	교육과정별로 수강 승인된 학습자를 대상으로 교육과정 입과를 안내하였는가?	
	운영 예정 과정에 대한 운영자 정보를 등록하였는가?	
	운영을 위해 개설된 교육과정에 교·강사를 지정하였는가?	
	학습과목별로 수강 변경사항에 대한 사후 처리를 하였는가?	

06 이러닝 운영 진행과정에 대한 개선사항 도출

진행과정		자료 및 결과 확인 문항	개선사항 입력
학사관리	학습자 정보	과정에 등록된 학습자 현황을 확인하였는가?	
		과정에 등록된 학습자 정보를 관리하였는가?	
		중복신청을 비롯한 신청 오류 등을 학습자에게 안내하였는가?	
		과정에 등록된 학습자 명단을 감독기관에 신고하였는가?	
	성적처리	평가기준에 따른 평가항목을 확인하였는가?	
		평가항목별 평가비율을 확인하였는가?	
		학습자가 제기한 성적에 대한 이의신청 내용을 처리하였는가?	
		학습자의 최종성적 확정 여부를 확인하였는가?	
		과정을 이수한 학습자의 성적을 분석하였는가?	
	수료관리	운영계획서에 따른 수료 기준을 확인하였는가?	
		수료기준에 따라 수료자, 미수료자를 구분하였는가?	
		출결, 점수미달을 포함한 미수료 사유를 확인하여 학습자에게 안내하였는가?	
		과정을 수료한 학습자에 대하여 수료증을 발급하였는가?	
		감독기관에 수료결과를 신고하였는가?	
교·강사 지원	교·강사 선정	자격요건에 부합되는 교·강사를 선정하였는가?	
		과정 운영전략에 적합한 교·강사를 선정하였는가?	
		교·강사 활동평가를 토대로 교·강사를 변경하였는가?	
		교·강사 정보보호를 위한 절차와 정책을 수립하였는가?	
	교·강사 사전교육	과정별 교·강사의 활동이력을 추적하여 활동 결과를 정리하였는가?	
		교·강사 자격심사를 위한 절차와 준거를 마련하여 이를 적용하였는가?	
		교·강사 교육을 위한 매뉴얼을 작성하였는가?	
		교·강사 교육에 필요한 자료를 문서화하여 교육에 활용하였는가?	
		교·강사 교육목표를 설정하여 이를 평가할 수 있는 준거를 수립하였는가?	
	교·강사 안내	운영계획서에 기반하여 교·강사에게 학사일정, 교수학습 환경을 안내하였는가?	
		운영계획서에 기반하여 교·강사에게 학습평가 지침을 안내하였는가?	
		운영계획서에 기반하여 교·강사에게 교·강사 활동평가 기준을 안내하였는가?	
		교·강사 운영매뉴얼에 기반하여 교·강사에게 학습촉진 방법을 안내하였는가?	

	교·강사 개선활동	학사일정에 기반하여 과제 출제, 첨삭, 평가문항 출제, 채점 등을 독려하였는가?	
		학습자 상호작용이 활성화될 수 있도록 교·강사를 독려하였는가?	
		학습활동에 필요한 보조자료 등록을 독려하였는가?	
		운영자가 교·강사를 독려한 후 교·강사 활동의 조치 여부를 확인하고 교·강사 정보에 반영하였는가?	
		교·강사 활동과 관련된 불편사항을 조사하였는가?	
		교·강사 불편사항에 대한 해결 방안을 마련하고 지원하였는가?	
		운영자가 처리 불가능한 불편사항을 실무부서에 전달하고 처리 결과를 확인하였는가?	
		운영 예정 과정에 대한 운영자 정보를 등록하였는가?	
학습활동 지원	학습환경 지원	수강이 가능한 PC, 모바일 학습환경을 확인하였는가?	
		학습자의 학습환경을 분석하여 학습자의 질문 및 요청사항에 대처하였는가?	
		학습자의 PC, 모바일 학습환경을 원격지원하였는가?	
		원격지원상에서 발생하는 문제 상황을 분석하여 대응방안을 수립하였는가?	
	학습안내 활동	학습을 시작할 때 학습자에게 학습절차를 안내하였는가?	
		학습에 필요한 과제수행 방법을 학습자에게 안내하였는가?	
		학습에 필요한 평가기준을 학습자에게 안내하였는가?	
		학습에 필요한 상호작용 방법을 학습자에게 안내하였는가?	
		학습에 필요한 자료등록 방법을 학습자에게 안내하였는가?	
		운영을 위해 개설된 교육과정에 교·강사를 지정하였는가?	
	학습촉진 활동	운영계획서 일정에 따라 학습진도를 관리하였는가?	
		운영계획서 일정에 따라 과제와 평가에 참여할 수 있도록 학습자를 독려하였는가?	
		학습에 필요한 상호작용을 활성화할 수 있도록 학습자를 독려하였는가?	
		학습에 필요한 온라인 커뮤니티 활동을 지원하였는가?	
		학습과정 중에 발생하는 학습자의 질문에 신속히 대응하였는가?	
		학습활동에 적극적으로 참여하도록 학습동기를 부여하였는가?	
		학습자에게 학습의욕을 고취시키는 활동을 수행하였는가?	
		학습자의 학습활동 참여의 어려움을 파악하고 해결하였는가?	
	수강오류	학습 진도 오류 등 학습 활동에서 발생한 각종 오류를 파악하고 이를 해결하였는가?	
		과제나 성적처리상의 오류를 파악하고 이를 해결하였는가?	

과정평가 관리	과정 만족도 조사	수강오류 발생 시 내용과 처리방법을 공지사항을 통해 공지하였 는가?	
		과정만족도 조사에 반드시 포함되어야 할 항목을 파악하였는가?	
		과정만족도를 파악할 수 있는 항목을 포함하여 과정만족도 조사 지를 개발하였는가?	
		학습자를 대상으로 과정만족도 조사를 수행하였는가?	
		과정만족도 조사 결과를 토대로 과정만족도를 분석하였는가?	
	학업성취 관리	학습관리시스템(LMS)의 과정별 평가결과를 근거로 학습자의 학 업성취도를 확인하였는가?	
		학습자의 학업성취도 정보를 과정별로 분석하였는가?	
		학습자의 학업성취도가 크게 낮을 경우 그 원인을 분석하였는가?	
		학습자의 학업성취도를 향상시키기 위한 운영전략을 마련하였는가?	

07 이러닝 운영 종료 후 개선사항 도출

종료과정	자료 및 결과 확인 문항	개선사항 입력
콘텐츠 운영 결과	콘텐츠의 학습내용이 과정 운영 목표에 맞게 구성되어 있는지 확인하였는가?	
	콘텐츠가 과정 운영의 목표에 맞게 개발되었는지 확인하였는가?	
	콘텐츠가 과정 운영의 목표에 맞게 운영되었는지 확인하였는가?	
교·강사 운영 결과	교·강사 활동의 평가기준을 수립하였는가?	
	교·강사가 평가기준에 적합하게 활동 하였는지 확인하였는가?	
	교·강사의 질의응답, 첨삭지도, 채점 독려, 보조자료 등록, 학습 상호작용, 학습참여, 모사답안 여부 확인을 포함한 활동의 결과를 분석하였는가?	
	교·강사의 활동에 대한 분석 결과를 피드백하였는가?	
	교·강사 활동 평가결과에 따라 등급을 구분하여 다음 과정 운영에 반영하 였는가?	
시스템 운영 결과	시스템운영결과를 취합하여 운영성과를 분석하였는가?	
	과정 운영에 필요한 시스템의 하드웨어 요구사항을 분석하였는가?	
	과정 운영에 필요한 시스템 기능을 분석하여 개선 요구사항을 제안하였는가?	
	제안된 내용의 시스템 반영 여부를 확인하였는가?	
운영 결과 관리	학습 시작 전 운영 준비 활동이 운영계획서에 맞게 수행되었는지 확인하였는가?	
	학습 진행 중 학사관리가 운영계획서에 맞게 수행되었는지 확인하였는가?	
	학습 진행 중 교·강사 지원이 운영계획서에 맞게 수행되었는지 확인하였는가?	
	학습 진행 중 학습활동지원이 운영계획서에 맞게 수행되었는지 확인하였는가?	
	학습 진행 중 과정평가관리가 운영계획서에 맞게 수행되었는지 확인하였는가?	
	학습 종료 후 운영 성과관리가 운영계획서에 맞게 수행되었는지 확인하였는가?	

08 최종 보고서 작성의 의미

① 이러닝 운영과정의 내용을 전체 · 분야별 · 과정별 · 학습자별로 운영결과를 산출하여 일정 기간별로 보고하는 활동임
② 일반적으로 주차, 중간 및 최종 과정의 운영결과를 취합하고 분석하는데 운영 프로세스에 따른 결과, 특이사항, 문제점 및 대응책, 향후 운영을 위한 개선사항 등이 내용으로 포함됨
③ 운영 과정과 결과를 기반으로 최종적으로 성과를 산출하고 개선사항을 도출하여 향후 운영 과정에 반영하기 위한 목적으로 작성되어 보고됨

09 최종 보고서 작성 시 고려할 것

① 이러닝 운영 과정의 활동과 결과를 중심으로 작성해야 함
② 콘텐츠 평가에 관한 내용, 교 · 강사 평가에 관한 내용, 시스템 운영결과에 관한 내용, 운영 활동 결과에 관한 내용 및 개선사항 등을 포함하여 작성해야 함

운영 성과	과정별 내용분석 기준
콘텐츠 평가	콘텐츠의 학습내용이 과정 운영 목표에 맞게 구성되었는가? 콘텐츠가 과정 운영의 목표에 맞게 개발되었는가? 콘텐츠가 과정 운영의 목표에 맞게 운영되었는가?
교 · 강사 평가 💡1회 필기 기출	교 · 강사 활동의 평가 기준은 수립되었는가? 교 · 강사가 평가기준에 적합하게 활동을 수행했는가? 교 · 강사의 질의응답, 첨삭지도, 채점 독려, 보조자료 등록, 학습 상호작용, 학습참여, 모사답안 여부 확인을 포함한 활동 결과는 분석했는가? 교 · 강사의 활동에 대한 분석결과를 피드백했는가? 교 · 강사의 활동 평가결과에 따라 등급을 구분하여 다음 과정 운영에 반영했는가?
시스템 운영결과 평가	시스템 운영결과를 취합하여 운영성과를 분석했는가? 과정 운영에 필요한 시스템의 하드웨어 요구사항을 분석했는가? 과정 운영에 필요한 시스템 기능을 분석하여 개선 요구사항을 제안했는가? 제안된 내용의 시스템 반영 여부가 이루어졌는가?
운영활동 결과	학습 시작 전 운영 준비 활동이 운영계획서에 맞게 수행되었는가? 학습 진행 중 학사 관리가 운영계획서에 맞게 수행되었는가? 학습 진행 중 교 · 강사 지원이 운영계획서에 맞게 수행되었는가? 학습 진행 중 학습활동 지원이 운영계획서에 맞게 수행되었는가? 학습 진행 중 과정평가 관리가 운영계획서에 맞게 수행되었는가?
개선사항	과정 운영상에서 수집된 자료를 기반으로 운영성과 결과를 분석했는가? 운영성과 결과분석을 기반으로 개선사항을 도출했는가? 도출된 개선사항을 실무 담당자에게 정확하게 전달했는가? 전달된 개선사항이 실행되었는가?

10 최종 평가보고서(이러닝 과정 운영 결과보고서) 작성 양식 예시자료

이러닝 과정 운영 결과보고서

과정명	운영 과정명을 작성한다.		
교육대상	교육대상을 작성한다.	인원수	( )명
교육기간	교육과정의 운영 기간을 작성한다.		
교육목표	과정의 교육목표를 작성한다.		
교육내용	교육내용의 목록을 작성한다.		
교육방법	교육방법(이러닝, 플립러닝, 문제기반 학습 등)을 작성한다.		
운영결과 및 분석			
운영목표	과정 운영 목표를 작성한다.		
운영실적	과정의 운영 실적(참여인원수, 과정 수, 학업성취도 평균 등)을 작성한다.		
수강현황	수강인원, 수료율, 마수료율 등의 현황을 작성한다.		
만족도 결과	학습자들의 만족도 조사결과를 작성한다.		
콘텐츠 평가	본 과정에서 운영에 활용한 이러닝 학습콘텐츠의 운영결과를 작성한다. (예 본 과정의 이러닝 콘텐츠는 운영목표에 맞는 내용으로 구성되어 개발되었으며 과정에서 적절하게 운영되었다 등)		
교·강사 활동	교·강사 활동의 특성(예 교·강사 선정 기준, 사전교육 실적, 교·강사 활동 평가 결과 등)을 작성한다.		
시스템 운영	시스템 운영 결과(예 운영결과, 하드웨어 구성, 학습관리시스템(LMS) 기능의 적절성 등)를 작성한다.		
운영활동 결과	이러닝 준비과정에서부터 운영을 실시하고 결과를 분석한 과정에 이르는 운영활동의 특성을 작성한다.		
개선 사항	이러닝 운영과정에서 도출된 개선사항에 대해 작성한다.		
교육실적 재고방안	미수료 학습자 대책 : 학습참여 활성화 방안 : 수요자 만족도 제고 방안 :		
향후 방안	향후 이러닝 과정 운영을 위해 고려할 사항을 작성한다.		

이러닝운영관리사
실기

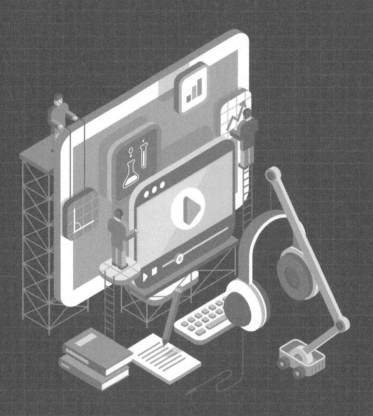

PART 2
실기 출제예상 문제

Chapter 01 이러닝 산업 파악

01 이러닝 산업 동향 이해

01 이러닝과 이러닝 산업의 정의에 대해 각각 작성하시오. `1회 유사 기출 적중`

답안 가이드

이러닝 산업의 정의
① 이러닝 : 전자적 수단, 정보통신, 전파, 방송, 인공지능, 가상현실 및 증강현실 관련 기술을 활용하여 이루어지는 학습
② 이러닝 산업 : 이러닝을 위한 콘텐츠, 솔루션, 서비스, 하드웨어를 개발 · 제작 및 유통하는 사업

02 이러닝의 특징을 3가지 쓰시오.

답안 가이드

이러닝의 특징
① 학습자와 교수자 모두에게 다양한 편리성을 주고 시공간을 넘어 누구나 수준에 맞게 최신 학습정보에 쉽게 접근할 수 있도록 하는 체제
② 학습자가 필요할 때 반복 수강이 가능하다는 면에서 매우 융통성 있음
③ 온라인의 양방향성과 사진이나 그래픽 등의 시각적 보조 자료를 온라인에 첨부할 수 있음

03 다음은 이러닝 산업의 공급자의 종류와 내용을 정리한 것이다. ㉠~㉢에 들어갈 알맞은 용어를 작성하시오.

분류	내용
㉠	이러닝에 필요한 정보와 자료를 멀티미디어 형태로 개발, 제작, 가공, 유통하는 사업체
㉡	이러닝에 필요한 교육관련 정보시스템의 전부나 일부를 개발, 제작, 가공, 유통하는 사업체
㉢	온라인으로 교육, 훈련, 학습 등을 쌍방향으로 정보통신 네트워크를 통해 개인, 사업체 및 기관에 직접 서비스로 제공하는 사업과 이러닝 교육 및 구축 등 이러닝 사업 제반에 관한 컨설팅을 수행하는 사업체 ⓐ 정규 교육 사업체 : 초·중·고교 및 대학교와 연계하여 학위를 주는 사업체 ⓑ 사설 학원 사업체 : 사설 학원을 운영하면서 이러닝을 통해 서비스를 제공하는 사업체 ⓒ 일반 사업체 : 자가 소유 또는 임차한 정보통신 네트워크를 통하여 사업체가 교육, 훈련, 학습의 서비스를 제공하는 사업체

㉠ _____ , ㉡ _____ , ㉢ _____

답안 가이드

㉠ 콘텐츠 사업체, ㉡ 솔루션 사업체, ㉢ 서비스 사업체

04 다음은 이러닝 산업 용어 중 학습시스템들의 종류와 내용을 정리한 것이다. ㉠~㉣에 들어갈 알맞은 용어를 쓰시오. 〔💡 1회 유사 기출 적중〕

㉠	– 학습자의 학습을 지원하고 관리하는 시스템 – 보통은 가상학습시스템이라고도 함 – 조직에서 직원, 학생 또는 기타 학습자에게 이러닝 학습과정 및 교육 프로그램을 관리하고 제공할 수 있도록 하는 소프트웨어 플랫폼
㉡	– 학습 객체를 관리하는 시스템 – LMS에 탑재될 학습 콘텐츠를 관리할 수 있는 기능을 제공함 – 관리라는 것은 학습 객체의 탑재, 수정, 삭제 등의 기본 기능을 포함함 – 종류를 살펴보면, Moodle 및 Sakai와 같은 오픈 소스 플랫폼, Blackboard 및 Canvas와 같은 독점 시스템, Adobe Captivate Prime 및 Docebo와 같은 클라우드 기반 플랫폼 등의 여러 가지 유형이 있음
㉢	– 이러닝 프로그램의 제공, 관리 및 통계에 사용되는 도구, 소프트웨어, 하드웨어의 집합을 말함 – 학습관리시스템(LMS), 가상 교실, 멀티미디어 저작 도구 및 평가 도구와 같은 다양한 소프트웨어 도구들이 포함됨
㉣	– 온라인 학습 경험을 제공하는 데 사용되는 기술 시스템의 전반적인 설계 및 구조를 의미함

㉠ _____, ㉡ _____, ㉢ _____ ㉣ _____

📑 답안 가이드

㉠ 학습관리시스템[learning management system(LMS)]
㉡ 학습콘텐츠관리시스템[learning contents management system(LCMS)]
㉢ 학습기술시스템(learning technology system)
㉣ 학습기술시스템 아키텍처(learning technology systems architecture)

05 이러닝 콘텐츠 분야의 특성 중 3가지를 기술하시오.

답안 가이드

이러닝 콘텐츠 분야의 특성
① 이러닝 콘텐츠의 제작 활성화를 위한 개발 · 투자의 다양화
② 제작 비용이 상대적으로 높은 기술 · 공학 분야 등을 대상으로 공공 주도의 직업훈련 콘텐츠 공급 확대
③ 공공 민간 훈련기관, 개인 등이 개발한 콘텐츠를 유 · 무료로 판매 · 거래할 수 있는 콘텐츠 마켓 운영 확대
④ 해외 MOOC 플랫폼과 협력을 통한 글로벌 우수강좌제공 및 강좌 활용 제고를 위한 학습지원 서비스 지원
⑤ DICE(위험 · 어려움 · 부작용 · 고비용) 분야를 중심으로 산업 현장의 특성에 맞는 실감형 가상훈련 기술개발 및 콘텐츠 개발 추진

02 이러닝 기술동향 이해

01 이러닝에서 언급하는 시스템의 정의를 작성하시오.

📥 답안 가이드

시스템
① 학습자와 교사가 이러닝 콘텐츠를 사용하고 관리할 수 있도록 하는 기술적인 요소
② 학습자의 학습 기록, 출결 기록, 성적 기록 등을 관리하며, 학습자들이 학습에 집중할 수 있도록 다양한 기능을 제공
③ 예 학습 관리 시스템(LMS), 가상 강의실(Virtual Classroom), 출석체크 시스템 등

02 이러닝 콘텐츠 개발의 구성요소 6가지 중 3가지를 작성하시오.

답안 가이드

이러닝 콘텐츠 개발의 구성요소
① 교육 설계 : 학습 목표를 정의하고, 콘텐츠를 디자인하고, 평가를 개발하여 코스를 만드는 체계적인 프로세스
② 콘텐츠 생성 : 코스에 적합한 텍스트, 이미지, 오디오, 비디오 등의 콘텐츠를 생성하는 작업
③ 멀티미디어 통합 : 비디오, 오디오, 인포그래픽, 대화형 슬라이드, 게임 및 시뮬레이션과 같은 다양한 멀티미디어 요소를 코스에 통합하는 작업
④ LMS(학습 관리 시스템) : 코스 콘텐츠를 전달하고 학습자의 진행 상황 및 평가를 모니터링하는 소프트웨어 애플리케이션
⑤ 접근성 및 사용성 : 이러닝 콘텐츠를 제작할 때 고려해야 하는 요소이며, 신체적, 인지적 또는 기타 장애에 관계없이 모든 학습자가 콘텐츠를 사용할 수 있게 하는 요소
⑥ 품질 보증: 콘텐츠의 오류, 부정확성, 철자 오류, 학습자의 주의를 분산시킬 수 있는 기타 문제가 없는지 확인하는 작업

03 학습자의 학습 경험을 추적하고 분석하는데 사용되는 국제 표준은 무엇인지 쓰시오.

답안 가이드

xAPI(Experience API) : 학습자의 학습 경험을 추적하고 분석하는데 사용되는 국제 표준

04 이러닝에서 LCMS의 정의를 작성하시오.

답안 가이드

LCMS(Learning Content Management System): 학습 콘텐츠 관리 시스템으로, 학습 콘텐츠를 생성 · 관리 · 배포하는 데 사용되는 시스템

03   이러닝 법제도 이해

01   원격훈련의 개념과 종류를 각각 모두 서술하시오.

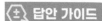 답안 가이드

원격훈련의 개념

① 인터넷 원격훈련 : 정보통신매체를 활용하여 훈련이 실시되고 훈련생관리 등이 웹상으로 이루어지는 원격훈련

② 스마트훈련 : 위치기반서비스, 가상현실 등 스마트 기기의 기술적 요소를 활용하거나 특성화된 교수방법을 적용하여 원격 등의 방법으로 훈련이 실시되고 훈련생관리 등이 웹상으로 이루어지는 훈련

③ 우편 원격훈련 : 인쇄매체로 된 훈련교재를 이용하여 훈련이 실시되고 훈련생관리 등이 웹상으로 이루어지는 원격훈련

④ 혼합훈련 : 집체훈련, 현장훈련 및 원격훈련 중에서 두 종류 이상의 훈련을 병행하여 실시하는 직업능력개발훈련

02   학점은행제도의 정의에 대해 작성하시오.

답안 가이드

학점은행제도

① 「학점인정 등에 관한 법률」에 의거한 제도

② 학교뿐만 아니라 학교 밖에서 이루어지는 다양한 형태의 학습과 자격을 학점으로 인정

③ 학점이 누적되어 일정 기준을 충족하면 학위취득을 가능하게 함으로써 궁극적으로 열린 교육사회, 평생학습사회를 구현하기 위한 제도

④ 1995년 5월, 대통령 직속 교육개혁위원회가 열린 평생학습사회의 발전을 조성하는 새로운 교육체제에 대한 비전을 제시하면서 학점은행제를 제안함
⑤ 1998년 3월부터 시행하게 됨
⑥ 학점은행제 이용 대상은 고등학교 졸업자나 동등 이상의 학력을 가진 사람들임

03 학점은행제도의 이용 대상에 대해 작성하시오.

답안 가이드

학점은행제 이용 대상은 고등학교 졸업자나 동등 이상의 학력을 가진 사람들이다.

04 원격교육에 대한 학점인정 기준 중 2가지 이상을 작성하고, 그 내용을 서술하시오.

1회 유사 기출 적중

답안 가이드

원격교육에 대한 학점인정 기준의 세부 내용
① 수업일수 : 출석수업을 포함하여 15주 이상 지속되어야 함. 고등교육법 시행령 제53조 제6항에 의한 시간제등록제의 경우에는 8주 이상 지속되어야 함
② 원격 콘텐츠의 순수 진행시간은 25분 또는 20프레임 이상을 단위시간으로 하여 제작되어야 함
③ 학업성취도 평가는 학사운영플랫폼 또는 학습관리시스템 내에서 엄정하게 처리하여야 하며, 평가 시작시간, 종료시간, IP주소 등의 평가근거는 시스템에 저장하여 4년까지 보관하여야 함
④ 원격교육의 비율은 다음 각 호의 범위에서 운영하여야 한다.
  – 원격교육기관 : 수업일수의 60% 이상 (실습 과목은 예외)
  – 원격교육기관 외의 교육기관 : 수업일수의 40% 이내
  – 고등교육법 시행령 제53조제3항에 의한 시간제 등록생만을 대상으로 하는 수업 : 수업 일수의 60% 이내

05 이러닝(전자학습) 산업 발전 및 이러닝 활용 촉진에 관한 법률 내용 중 '이러닝 산업의 정의'에 대해 작성하시오.

답안 가이드

이러닝(전자학습) 산업 발전 및 이러닝 활용 촉진에 관한 법률

① 이러닝 : 전자적 수단, 정보통신 및 전파 · 방송기술을 활용하여 이루어지는 학습
② 이러닝콘텐츠 : 전자적 방식으로 처리된 부호 · 문자 · 도형 · 색채 · 음성 · 음향 · 이미지 · 영상 등의 이러닝과 관련된 정보나 자료
③ 이러닝산업의 정의
　 – 이러닝콘텐츠 및 이러닝콘텐츠 운용소프트웨어의 연구 · 개발 · 제작 · 수정 · 보관 · 전시 또는 유통하는 업
　 – 이러닝의 수행 · 평가 · 자문과 관련된 서비스업
　 – 그 밖에 이러닝을 수행하는 데 필요하다고 대통령령이 정하는 업
④ 산업통상자원부는 다음과 같은 사항을 심의 및 의결하기 위하여 이러닝진흥위원회를 두도록 함
　 – 기본계획의 수립 및 시행계획의 수립 · 추진에 관한 사항
　 – 이러닝산업 발전 및 이러닝 활용 촉진 정책의 총괄 · 조정에 관한 사항
　 – 이러닝산업 발전 및 이러닝 활용 촉진 정책의 개발 · 자문에 관한 사항
　 – 그 밖에 위원장이 이러닝산업 발전 및 이러닝 활용 촉진에 필요하다고 인정하는 사항
⑤ 이러닝진흥위원회는 위원장 1명과 부위원장 1명을 포함하여 20명 이내의 위원으로 구성하되, 위원장은 산업통상자원부차관 중에서 산업통상자원부장관이 지정하는 사람이 됨
⑥ 이러닝진흥위원회의 부위원장은 교육부의 고위공무원단에 속하는 일반직공무원 또는 3급 공무원 중에서 교육부장관이 지명하는 사람이 됨

Chapter 02 이러닝 콘텐츠의 파악

01 이러닝 콘텐츠 개발요소 이해

01 이러닝 콘텐츠를 개발할 때 필요한 개발 자원에 대해 작성하시오.

📥 답안 가이드

이러닝 콘텐츠 개발 자원
전문가의 지식, 교수설계자 및 디자이너, 문서화 도구, 그래픽 디자인 도구, 멀티미디어 도구, 콘텐츠 관리 시스템 등

02 이러닝 콘텐츠 제작 순서를 나열하시오.

📥 답안 가이드

이러닝 콘텐츠 제작 순서
목표 설정 → 콘텐츠 설계 → 콘텐츠 개발 → 피드백 및 평가 → 배포 및 관리

03 이러닝 개발 장비에는 무엇이 있는지 3가지 이상을 작성하시오.

이러닝 개발 장비
컴퓨터, 그래픽 태블릿, 디지털 카메라, 마이크, 이어폰, 스크린 레코더, 테스트 장비

04 이러닝 개발 장비 중에서 다음의 특징을 가지고 있는 것은 무엇인지 쓰시오.

> 직관적인 제작 환경, 다양한 그리기 도구 제공, 다양한 포맷 지원, 이동성, 자유로운 표현, 빠른 제작 속도

그래픽 태블릿 : 직관적인 제작 환경, 다양한 그리기 도구 제공, 다양한 포맷 지원, 이동성, 자유로운 표현, 빠른 제작 속도

05 다음 내용이 설명하는 것이 무엇인지 작성하시오.

> 학습 목표 및 교육 계획서, 학습흐름도, 스토리보드 동영상, 기술 문서, 평가 및 피드백 산출물

이러닝 개발 산출물
학습 목표 및 교육 계획서, 학습흐름도, 스토리보드 동영상, 기술 문서, 평가 및 피드백 산출물

06 데일의 경험의 원추모형의 내용에 대해 작성하시오.

답안 가이드

① 1946년에 에드거 데일(Edgar Dale)이 제시한 개념으로 사실주의에 근거함
② 시청각 교재를 구체성과 추상성에 따라 분류함
③ 원추의 꼭대기로 올라갈수록 짧은 시간 내에 더 많은 정보와 학습내용 전달이 가능하나, 추상성이 높아짐
④ Bruner가 분류한 직접적 목적적 경험, 영상을 통한 경험, 상징적 경험과 일치함

02 이러닝 콘텐츠 유형별 개발 방법

01 다음은 이러닝 콘텐츠 유형별 콘텐츠 특징을 정리한 것이다. ㉠~㉣에 들어갈 알맞은 용어를 쓰시오.

💡 1회 유사 기출 적중

유형	콘텐츠 특징
㉠	모듈 형태의 구조화된 체계 내에서, 교수자가 학습자를 개별적으로 가르치는 것처럼 컴퓨터가 학습내용을 설명, 안내하고, 피드백을 제공하는 유형
㉡	학습내용의 숙달을 위해 학습자들에게 특정 주제에 관한 연습 및 문제 풀이의 기회를 반복적으로 제공해주는 유형
㉢	특정 주제에 관해 교수자의 설명 중심으로 이루어진 세분화된 동영상을 통해 학습을 수행하는 유형
㉣	특정 목적 달성을 의도하지 않고 다양한 학습활동에 활용할 수 있도록 최신화된 학습정보를 수시로 제공하는 유형

㉠ _____, ㉡ _____, ㉢ _____ ㉣ _____

답안 가이드

㉠ 개인교수형, ㉡ 반복연습용, ㉢ 동영상 강의용, ㉣ 정보제공형

02 다음은 이러닝 콘텐츠 유형별 콘텐츠 특징을 정리한 것이다. ㉠~㉣에 들어갈 알맞은 용어를 쓰시오.

유형	콘텐츠 특징
㉠	학습자들이 교수적 목적을 갖고 개발된 게임 프로그램을 통해 엔터테인먼트를 즐기는 것과 동시에 몰입을 통한 학습이 이루어지도록 하는유형
㉡	학습 주제와 관련된 특정 사례에 기초하여 해당 사례를 둘러싸고 있는 다양한 관련 요소들을 파악하고 필요한 정보를 검색 수집하며 문제해결 활동을 수행하는 유형
㉢	다양한 디지털 정보로 제공되는 서사적인 시나리오를 기반으로 하여 이야기를 듣고 이해하며 관련 활동을 수행하는 형태로 학습이 진행되는 유형
㉣	문제를 중심으로, 주어진 문제를 인식하고 가설을 설정한 뒤 관련 자료를 탐색, 수집하여 가설을 검증하고 해결안이나 결론을 내리는 형태로 학습이 진행되는 유형

㉠ _____, ㉡ _____, ㉢ _____ ㉣ _____

답안 가이드

㉠ 교수게임형, ㉡ 사례기반형, ㉢ 스토리텔링형, ㉣ 문제해결형

03 이러닝 학습내용의 순서를 결정하는 요소 중 3가지 이상을 쓰고, 각각에 따른 콘텐츠의 특징도 작성하시오.

답안 가이드

유형	콘텐츠 특징
주제	학습 내용을 주제별로 분류한 후 순서를 정해서 제시한다.
시간적 순서	특정한 시간적 순서로 개념이나 역사적 사실을 제시한다.
프로세스 순서	실제로 일을 수행하는 프로세스 순서에 따라 학습내용을 제시한다.
잘 알려진 사실	잘 알려진 사실이나 정보를 먼저 제시하고 잘 알려지지 않은 것은 나중에 제시한다.
단순하거나 쉬운 것	단순하거나 쉬운 것을 먼저 제시하고 복잡하거나 어려운 것을 나중에 제시한다.
일반적인 내용	일반적인 내용을 먼저 제시하고 특수한 내용을 나중에 제시한다.
전체적인 개요	전체적인 개요를 먼저 제시하고 그와 관련된 개별적 내용을 순차적으로 제시한다.
개별적 내용	전체를 구성하는 개별적 내용을 먼저 제시하고 나중에 전체적인 개요를 제시한다.

04 이러닝 콘텐츠 유형별 개발 특성 중 다음에서 설명하는 것은 어떤 유형인지 쓰시오.

> 이야기를 통해 학습자들이 특정한 주제나 개념을 이해하고 습득할 수 있도록 돕는 것이 특징임

답안 가이드

콘텐츠 유형별 개발 특성
① 개인교수형 : 학습자에게 개인 맞춤형 학습 경험을 제공하는 것이 특징임
② 반복연습용 : 학습자가 특정한 기술이나 지식을 습득하기 위해 반복적으로 연습할 수 있는 기회를 제공하는 것이 특징임
③ 동영상 강의용 : 시각적인 자극을 제공하여 학습자들이 보다 쉽게 학습 내용을 이해할 수 있도록 돕는 것이 특징임
④ 정보제공용 : 학습자들이 특정한 정보를 습득할 수 있는 기회를 제공하는 것이 특징임
⑤ 교수게임형 : 게임의 재미와 학습의 효과를 결합하여 학습자들이 보다 즐겁게 학습할 수 있도록 돕는 것이 특징임
⑥ 사례기반형 : 학습자들이 실제 상황에서 발생할 수 있는 문제를 해결하는 데 필요한 지식과 기술을 습득할 수 있도록 돕는 것이 특징임
⑦ **스토리텔링형** : 이야기를 통해 학습자들이 특정한 주제나 개념을 이해하고 습득할 수 있도록 돕는 것이 특징임
⑧ 문제해결형 : 학습자들이 실제 문제를 해결하는 데 필요한 지식과 기술을 습득할 수 있도록 돕는 것이 특징임

05 다양한 이러닝 콘텐츠 유형 중 다음 대상에 적합한 콘텐츠 유형은 어떤 것인지 작성하시오.

> 업무 역량을 강화하고자 하는 직장인들이나 전문 분야에 대한 지식 습득을 원하는 학생들

 **답안 가이드**

콘텐츠 유형별 서비스 환경 및 대상
① 개인교수형 : 주요 대상은 특정 분야의 전문 지식이나 기술을 습득하고자 하는 사람들임
② 반복연습용 : 주로 언어 학습, 수학, 과학 등의 학습 분야에서 사용됨
③ 동영상 강의용 : 대상은 대학생, 직장인 등 다양한 연령층과 직업군에게 적용됨
④ 정보제공형 : 주로 독학을 원하는 학습자나 일반 대중을 대상으로 함(예 : 요리, 여행, 건강, 특정 분야의 업무 기술 등의 정보를 제공)
⑤ 교수게임형 : 게임을 통해 학생들이 학습하면서 놀이를 즐길 수 있는 학습 방법이므로, 대부분 초중고 학생들이 주요 대상임
⑥ **사례기반형** : 주요 대상은 업무 역량을 강화하고자 하는 직장인들이나 전문 분야에 대한 지식 습득을 원하는 학생들임
⑦ 스토리텔링형 : 주요 대상은 문화, 역사, 인문학 등에 관심이 있는 일반인이나 학생들임
⑧ **문제해결형** : 업무 역량을 강화하고자 하는 직장인들이나 전문 분야에 대한 지식 습득을 원하는 학생들임

03 이러닝 콘텐츠 개발환경 파악

01 이러닝 콘텐츠 개발 절차 4단계를 순서대로 작성하시오.

(   ) → (   ) → (   ) → (   )

답안 가이드

이러닝 콘텐츠 개발 절차 4단계

분석→설계→개발→평가

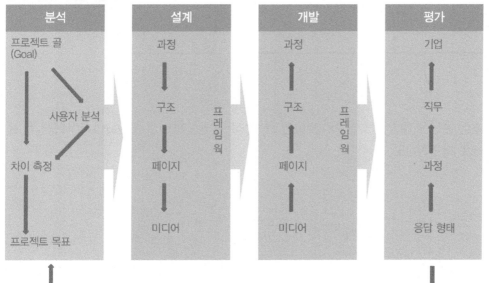

02 이러닝 콘텐츠 개발 절차 중 ADDIE 모형의 5단계를 순서대로 쓰시오.

$$(\quad) \rightarrow (\quad) \rightarrow (\quad) \rightarrow (\quad) \rightarrow (\quad)$$

답안 가이드

이러닝 콘텐츠 개발 절차 : 5단계(ADDIE 모형)

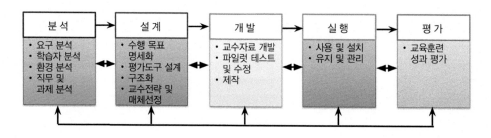

03 이러닝 콘텐츠 개발 절차별 가이드라인 중 '분석, 설계단계'에서 추진해야 할 내용들을 순서대로 나열하시오.

답안 가이드

개발 절차별 가이드라인

	추진 내용	추진 일정(週)						산출물
분석, 설계 단계	요구분석 정리							
	설계 전략 및 아이디어 검토							
	원고 집필 및 검토							
	스토리보드 작성 및 검토							스토리보드
	프로토타입 개발							프로토타입

제작 단계	디자인 & HTML						개발물 소스
	Multimedia 제작						
테스트	수정 및 보완						
결과물	콘텐츠 & 과정개요서						소스파일, 과정개요서
LMS 포팅							

04 이러닝 콘텐츠 개발 인력 및 역할 중 다음 내용에 해당되는 사람은 누구인지 쓰시오.

특정 업무 분야에 해박한 지식을 가지고 있으면서, 그 지식을 타인에게 전달할 수 있는 능력을 가진 사람을 의미함

답안 가이드

주제전문가(SME)
특정 업무 분야에 해박한 지식을 가지고 있으면서, 그 지식을 타인에게 전달할 수 있는 능력을 가진 사람을 의미함

05 이러닝 콘텐츠를 개발 시 범위를 결정하는 데 영향을 주는 요소를 모두 작성하시오.

답안 가이드

개발 범위 결정 요소
학습 목표, 학습 대상자, 콘텐츠 유형, 학습 방법, 개발 기간과 예산

06 켈러(Keller)의 ARCS 동기 이론에서 학습동기를 유발하는 요소 4가지에 대해 작성하시오.

1회 유사 기출 적중

답안 가이드

켈러(Keller)의 ARCS 동기 이론 : 학습동기를 유발하는 변인을 동기이론 모형의 네 가지 요소인 주의력(A), 관련성(R), 자신감(C), 만족감(S)으로 분류하고 수업에 있어서 체계적인 동기 전략의 필요성을 주장함

ARCS 동기 이론 4가지 요소
- 주의집중(Attention) : 학습자의 흥미를 사로잡거나 학습에 대한 호기심을 유발하는 것
- 관련성(Relevance) : 학습자의 필요와 목적에 수업을 맞추는 것
- 자신감(Confidence) : 학습자가 자신의 통제 하에 스스로 성공할 수 있다고 느끼고 믿도록 도와주는 것
- 만족감(Satisfaction) : 내재적, 외재적 보상을 통해 성취를 강화해 주는 것

07 비고츠키의 인지발달이론에서 근접발달영역에서 학습이 일어나는 과정을 4단계로 작성하시오.

답안 가이드

비고츠키의 근접발달영역과 인지발달이론 : 근접발달영역 내에서 학습이 일어나는 과정은 4단계로 구분할 수 있다.
- 1단계 : 타인의 도움을 받거나 모방하는 단계, 과제에 대한 책임감을 갖고 상호작용을 통해 이해하고 수행
- 2단계 : 학습자 스스로 과제를 수행하는 단계, 학습자 수준 내에서 자기주도성을 시도하는 과도기적 단계
- 3단계 : 지식을 내면화하고 자동화하는 단계, 타인의 도움 없이 무의식적이고 자기주도적인 학습활동이 자유로움
- 4단계 : 탈자동화 단계, 새로운 능력의 발달을 위해 근접발달영역 순환 과정

Chapter 03 학습시스템 특성 분석

01 학습시스템 이해

01 이러닝 학습시스템 유형을 비동기식과 동기식으로 구분하였을 때, 각각에 대한 정의를 서술하시오.

답안 가이드

이러닝 학습시스템 유형
① 비동기식 학습시스템 : 강의 영상을 온라인으로 제공하는 강의 사이트나, 학습자들에게 교재와 과제를 제공하는 학습 관리 시스템(LMS)
② 동기식 학습시스템 : 비디오 콘퍼런싱을 이용한 원격 수업, 웹 기반 실시간 토론 시스템

02 학습관리시스템(LMS)과 학습콘텐츠관리시스템(LCMS)의 주 사용자를 각각 구분하여 작성하시오.

답안 가이드

구분	학습관리시스템(LMS)	학습콘텐츠관리시스템(LCMS)
주 사용자	튜터/강사, 교육담당자	콘텐츠개발자, 교수설계자, 프로젝트 관리자

P A R T 2 실기 출제예상 문제

03 이러닝 학습시스템에서 관리자 모드, 학습자 모드, 교강사 모드에 대해 모두 서술하시오.

답안 가이드

관리자 모드, 학습자 모드, 교강사 모드
① 관리자 모드 : 학습자 관리, 과정 정보, 이러닝 콘텐츠 관리, 설문 관리, 평가 관리, 수강신청, 수강승인 처리, 진도율 현황, 과정별 게시판, 수료처리, 과정별 교육결과, 학습자별 교육결과, 설문결과 확인, 평가결과 확인 기능이 있음
② 학습자 모드 : 강의 수강, 학습 일정 확인, 과제 제출, 퀴즈 응시, 시험 응시, 학습 이력, 출석 기록, 시험 결과 등을 확인할 수 있음
③ 교강사 모드 : 강의 등록, 강의 자료 업로드, 과제 출제, 퀴즈 출제, 시험 출제 등의 기능이 있음

04 학습시스템의 구조에 대한 내용 중, ㉠~㉣에 들어갈 알맞은 용어를 쓰시오.

구분	학습시스템 기능
(㉠) 관리	사용자 계정 생성, 사용자 정보 수정, 비밀번호 변경 기능
(㉡) 관리	콘텐츠 업로드, 수정, 삭제, 공유 기능
(㉢) 관리	학습 일정, 과제, 퀴즈, 시험 기능
(㉣) 생성	학습 이력 관리, 출석 기록, 시험 결과 기록 기능

㉠ _____, ㉡ _____, ㉢ _____ ㉣ _____

답안 가이드

학습시스템 구조
① 사용자 관리 : 사용자 계정 생성, 사용자 정보 수정, 비밀번호 변경 기능
② 콘텐츠 관리 : 콘텐츠 업로드, 수정, 삭제, 공유 기능
③ 학습 관리 : 학습 일정, 과제, 퀴즈, 시험 기능
④ 보고서 생성: 학습 이력 관리, 출석 기록, 시험 결과 기록 기능

05 이러닝에 필요한 학습시스템 요소 기술 중 3가지 이상을 작성하시오.

답안 가이드

학습시스템 요소 기술

① 웹 기술 : HTML, CSS, JavaScript, 웹 서버

② 데이터베이스 기술 : 데이터베이스 설계, SQL, 데이터베이스 관리, 데이터베이스 성능 최적화, 대용량 데이터 처리 기술

③ 학습 콘텐츠 제작 기술 : 콘텐츠 디자인, 멀티미디어 개발, 시뮬레이션 개발, 게임 개발, 저작권 관리

④ 보안 기술 : 암호화 기술, 인증 및 접근 제어 기술, 네트워크 보안 기술, 무결성 검증 기술, 보안 관리 기술

⑤ 인공지능 기술 : 강화 학습, 분산 학습, 전이 학습, 인공 신경망, 딥러닝 알고리즘, 자동 추출 기술, 분산 학습 기술, 자기 학습 기술

02　학습시스템 표준 이해

01　이러닝 표준화의 목적 4가지 중, 3가지 이상 서술하시오.　💡 1회 유사 기출 적중

📋 답안 가이드

이러닝 표준화의 목적

① 재사용 가능성(Reusability) : 기존 학습 객체 또는 콘텐츠를 학습 자료로서 다양하게 응용하여 새로운 학습 콘텐츠를 구축할 수 있는 특성

② 접근성(Accessibility) : 원격지에서 학습자료에 쉽게 접근하여 검색하거나 배포할 수 있는 특성

③ 상호운용성(Interoperability) : 서로 다른 도구 및 플랫폼에서 개발된 학습 자료가 상호 간에 공유되거나 그대로 사용될 수 있는 특성

④ 항구성(durability) : 한번 개발된 학습 자료는 새로운 기술이나 환경변화에 큰 비용부담 없이 쉽게 적응될 수 있는 특성의 향상이 이러닝 표준화의 중요한 목표라고 할 수 있다.

02　이러닝 표준 분야를 크게 3가지로 구분하여 각각에 대한 설명을 작성하시오.

📋 답안 가이드

이러닝 표준 분야

① 서비스 표준 : SOAP, REST 등이 있음

② 데이터 표준 : IMS Learner Information Package, 학습자 학습 기록을 위한 IMS Caliper Analytics 등이 있음

③ 콘텐츠 표준 : SCORM, AICC, xAPI 등이 있음

03 이러닝 표준화 기관에서 1947년 2월 23일 설립된 비정부간 기구는 무엇인지 기구명을 작성하시오.

답안 가이드

ISO/IEC JTC1 SC36
국제표준화기구(International Organization for Standardization; ISO)는 1947년 2월 23일 설립된 비정부간 기구이다.

04 이러닝 표준화 기관에서 IMS Global Learning Consortium에 대하여 서술하시오.

답안 가이드

IMS Global Learning Consortium
- 1997년 EduComNLII (NATional learning infrastructure Initiative)로부터 시작된 기업체와 연구기관, 정부기관들 사이의 합동 프로젝트
- 교육 자료의 위치와 사용, 학습과정 추적 등의 교육 관련 서비스들이 상호운용성을 가질 수 있도록 교육 분야 자료의 기술을 위한 메타데이터 및 기술적(Technical) 측면의 요구 사항들을 연구·개발하여 널리 보급하는 전 세계적 협회 조직
- IMS Global에서 발표하는 명세서는 세계적인 표준안이라고 할 수 있음

05 이러닝 표준화 기관 중 3가지 이상을 작성하시오.

답안 가이드

① ISO/IEC JTC1 SC36, ② IMS Global Learning Consortium, ③ IEEE/LTSC, ④ ADL, ⑤ CEN, ⑥ DCMI

06 모바일 기기 학습 제공 시 고려해야 할 사항에 대하여 3가지 이상을 쓰시오.

⊥ 답안 가이드

모바일 기기 학습 제공 시 고려해야 할 사항
① 콘텐츠가 원활히 수행되는 모바일 기기의 최소 사양을 명시한다.
② 콘텐츠를 앱으로 개발하여 제공하는 경우, 학습자의 기기가 앱스토어 또는 마켓을 정상적으로 이용할 수 있는 기기만 지원하도록 명시한다.
③ 무선데이터 이동통신이 연결된 경우 데이터 요금이 청구될 수 있음을 확인하도록 한다.
④ 다운로드 받은 강의는 DRM(Digital Right Management: 저작권보호기술)으로 보호되어 지정된 기간까지 이용할 수 있도록 하거나, 다른 기기로 이동하면 이용할 수 없도록 조치가 되어야 한다.
⑤ 로그인을 할 때, SMS 인증이나 공인인증서 등의 수단을 추가적으로 도입한다.

07 웹 접근성을 고려한 콘텐츠 제작 시 고려해야 할 4가지 요소를 작성하시오.

⊥ 답안 가이드

① 인식의 용이성 : 대체 텍스트, 멀티미디어 대체 콘텐츠, 명료성의 3가지 지침으로 구성
② 운용의 용이성 : 키보드 접근성, 충분한 시간 제공, 광과민성 발작 예방, 쉬운 내비게이션의 4가지 지침으로 구성
③ 이해의 용이성 : 가독성, 예측 가능성, 콘텐츠의 논리성, 입력 도움의 4가지 지침으로 구성
④ 견고성 : 문법 준수, 웹 애플리케이션 접근성의 2가지 지침으로 구성

03　학습시스템 개발과정 이해

01 학습시스템 개발과정에서 정보시스템 구축 운영지침에 들어가야 하는 내용에 대하여 쓰시오.

답안 가이드

정보시스템 구축 운영지침의 내용
시스템 기능 정의, 데이터 구조 정의, 시스템 설계, 시스템 구현, 시스템 테스트, 시스템 운영

02 학습시스템 기능요소 및 요구사항 분석에서 학습자와 관련된 시스템의 기능에 대하여 적으시오.

답안 가이드

학습자 기능 : 학습하기, 성적 확인, 공지사항, 과제 확인, 강의실 선택, 학습 일정, 질의응답, 쪽지, 일정표, 과목정보, 강의계획서, 수강생 조회, 학습 자료실, 과제, 토론, 온라인 시험, 팀 프로젝트, 강의설문, 출결 조회

03 학습시스템 기능요소 및 요구사항 분석에서 교수자와 관련된 시스템의 기능에 대하여 적으시오.

답안 가이드

교수자 기능 : 강의실 이동, 학습 일정, 온라인 강의, 학습콘텐츠 관리, 온라인학습 현황, 공지사항, 질의응답, 쪽지, 일정표, 조교 관리, 수강정보 이월, 과목 정보, 강의계획서, 강의 자료실, 과제 관리, 과제 제출 현황, 토론 관리, 온라인시험 관리, 팀 프로젝트 관리, 학습활동, 결과 조회, 강의 설문, 학습 통계, 수강생 조회, 출결 관리, 조기 경고 발송, 게시판 관리, 게시판 메뉴 관리

04 학습시스템 기능요소 및 요구사항 분석에서 관리자와 관련된 시스템의 기능에 대하여 적으시오.

답안 가이드

관리자 기능 : 사용자 관리, 과목 관리, 강의실 관리, 시스템설정 관리, 부가서비스 관리, 모니터링 관리

05 학습시스템 개발 프로세스의 단계를 크게 다섯 단계로 나열하시오.

답안 가이드

학습시스템 개발 프로세스
요구사항 분석 단계 → 설계 단계 → 개발 단계 → 테스트 단계 → 운영 및 유지보수 단계

04 학습시스템 운영과정 이해

01 학습시스템의 개념에 대하여 작성하시오.

📝 답안 가이드

학습시스템의 개념
교육훈련을 위한 이러닝 학습 환경에서의 교수-학습 수행과 운영을 체계적으로 준비, 실시, 운영 및 관리하는 전체 프로세스를 지원해주는 기본 플랫폼을 의미함

02 학습시스템의 기본 기능에 대하여 3가지 이상을 쓰시오.

📝 답안 가이드

학습시스템의 기본 기능
강의 관리 기능, 학습자 관리 기능, 학습자 성적 관리 기능, 커뮤니티 기능, 학습 기록 관리 기능, 시험 관리 기능, 보안 기능, 학습 분석 기능

03 학습시스템의 운영 프로세스에서 필요한 5가지 과정이 무엇인지 모두 작성하시오.

📝 답안 가이드

기획과정, 준비과정, 실시과정, 관리과정, 유지과정

P A R T 2 실기 출제예상 문제

04 학습시스템 리스크 관리의 종류를 모두 작성하시오.

답안 가이드

학습시스템 리스크 관리
① 보안 관리 : 로그인 시스템, 비밀번호 암호화, 접근 권한 제한
② 서버 관리 : 서버 용량 증설, 서버 분산, 네트워크 성능 모니터링, 캐시 서버 구축, 대역폭 제한
③ 원격 감독 시스템 : 오디오, 비디오, 화면 공유, 녹화 기능
④ 데이터 백업 : 데이터 유실 방지, 데이터 보안 강화, 데이터 복원, 정기적인 백업
⑤ 커뮤니케이션 관리 : 채팅, 이메일, 전화, 화상 회의
⑥ 시스템 업데이트 : 보안 강화, 기능 개선, 오류 수정, 시스템 최적화, 정기적인 업데이트

05 학습 커뮤니케이션을 관리할 때, 활용할 수 있는 커뮤니케이션 방법에는 어떤 것들이 있는지 작성하시오.

답안 가이드

커뮤니케이션 관리 : 채팅, 이메일, 전화, 화상 회의

Chapter 04 이러닝 운영 준비

01 운영환경 분석

01 운영환경 분석 시 학습 사이트 중 '웹 사이트(Web site)'에 대해 설명하시오.

답안 가이드

웹 사이트(Web site) : 인터넷 사용자들이 필요한 정보를 찾을 때, '해당 내용을 제공할 수 있는 정보가 저장된 집합체'

02 학습 사이트 점검 시 가장 많이 발생하는 문제점은 무엇인지 쓰시오.

답안 가이드

학습 사이트 점검 시 가장 많이 발생하는 문제점 : 동영상 재생 오류, 진도 체크 오류, 웹 브라우저 호환성 오류

03 학습 사이트 점검 시 문제점을 해결하는 방안에 대하여 서술하시오.

답안 가이드

해결 방안 안내

– 테스트용 ID를 통해 로그인 후 메뉴를 클릭해 가면서 정상적으로 페이지가 표현되고 동영상이 플레이되는지 확인해야 함
– 문제될 소지를 미리 발견했다면 시스템 관리자에게 문제를 알리고 해결 방안을 마련하도록 공지한 뒤, 팝업 메시지, FAQ 등을 통해 학습자가 강의를 정상적으로 이수할 수 있도록 도와야 함

04 학습관리시스템(LMS: Learning Management System)의 정의를 기술하시오.

답안 가이드

학습관리시스템(LMS: Learning Management System)
온라인을 통하여 학습자들의 성적, 진도, 출결 사항 등 학사 전반에 걸친 사항을 통합적으로 관리해 주는 시스템

05 이러닝 콘텐츠의 특징에 대하여 작성하시오.

답안 가이드

이러닝 콘텐츠의 특징 : 멀티미디어 기기를 가지고 있고, 인터넷 접속 환경에 있다면 학습에 제약이 거의 없음, 학습자가 자기 주도적으로 학습할 수 있도록 지원해 줌

06 아래의 표는 이러닝 콘텐츠 점검 항목과 그 내용에 관련된 내용이다. ⊙~ⓒ에 들어갈 알맞은 용어를 작성하시오.

🔆 1회 유사 기출 적중

점검 항목	점검 내용
⊙	• 이러닝 콘텐츠의 제작 목적과 학습 목표가 부합되는지 점검 • 학습 목표에 맞는 내용으로 콘텐츠가 구성되어 있는지 점검 • 내레이션이 학습자의 수준과 과정의 성격에 맞는지 점검 • 학습자가 반드시 알아야 할 핵심 정보가 화면상에 표현되는지도 점검
ⓒ	• 자막 및 그래픽 작업에서 오탈자가 없는지 점검 • 영상과 내레이션이 매끄럽게 연결되는지 점검 • 사운드나 BGM이 영상의 목적에 맞게 흐르는지 점검 • 화면이 보기에 편안한 구도로 제작되었는지 점검
ⓔ	• 이러닝의 품질을 높이고 업체의 이윤 창출까지 바라본다면 콘텐츠의 제작 환경을 점검해야 함 • 배우의 목소리 크기나 의상, 메이크업이 적절한지 점검 • 최종 납품 매체의 영상 포맷을 고려한 콘텐츠인지 점검 • 카메라 앵글이 무난한지 점검

⊙ _____, ⓒ _____, ⓔ _____

📋 **답안 가이드**

⊙ 교육 내용, ⓒ 화면 구성, ⓔ 제작 환경

07 아래의 표는 이러닝 콘텐츠 수정 요청 시 요청 대상과 그 내용에 관련된 내용이다. ⊙과 ⓒ에 들어갈 알맞은 용어를 쓰시오.

요청 대상	요청 내용
⊙	교육 내용, 화면 구성, 제작 환경에 대해 오류가 있을 때
ⓒ	– 사이트상에서 콘텐츠 자체가 플레이되지 않을 때 – 사이트에 표시되지 않을 때 – 엑스박스 등으로 표시될 때

⊙ _____, ⓒ _____

📋 **답안 가이드**

⊙ 이러닝콘텐츠개발자, ⓒ 이러닝시스템개발자

02 | 교육과정 개설

01 이러닝 교육과정의 특징을 서술하시오.

답안 가이드

이러닝 교육과정의 특징
- 이러닝에서는 학습자가 교과의 학습 목표를 달성하는 것을 최우선으로 삼고 교과 교육과정의 완성도를 높이는 데 집중하면 됨
- 주로 교과의 성격 및 목표, 내용 체계(단원 구성), 권장하는 교수 · 학습 방법, 평가 방법, 평가의 주안점 등이 기술되어 있음

02 이러닝 교육과정의 개설 조건 중 2가지 이상을 쓰시오.

답안 가이드

이러닝 교육과정 개설 조건
① 이러닝 시스템이 구축되어 있어야 함
② 콘텐츠가 제작되어 있어야 함
③ 교 · 강사가 만든 과정 운영계획서도 가지고 있어야 함

03 다음 이러닝 교육과정의 등록 절차 6단계를 순서대로 배치하시오.

> ㉠ 과정 개설하기
> ㉡ 교·강사가 제출한 교과 교육과정 운영계획서를 확인하며 등록
> ㉢ 교육과정 분류
> ㉣ 과정 확인하기
> ㉤ 강의 만들기
> ㉥ 과정 만들기

답안 가이드

㉢ 교육과정 분류 → ㉡ 교·강사가 제출한 교과 교육과정 운영계획서를 확인하며 등록 → ㉤ 강의 만들기 → ㉥ 과정 만들기→ ㉠ 과정 개설하기 → ㉣ 과정 확인하기

04 학습자료 등록 시 다음 자료는 학습 전, 중, 후 자료 중 어느 단계에 해당하는 자료인지 작성하시오.

> 평가나 과제 제출로 과정이 종료되는 것이 아니다. 설문조사를 등록해서 학습자가 과정에 대한 소비자 만족도 평가를 할 수 있도록 해야 한다. 일반적으로 학습자들이 필수적으로 하는 '평가' 또는 '성적 확인' 전에 설문을 먼저 실시하도록 한다. 강의나 과정 운영의 만족도뿐만 아니라 시스템이나 콘텐츠의 만족도도 묻는다. 설문 조사는 과정의 품질을 높일 수 있는 중요한 정보이다.

PART 2 실기 출제예상 문제

📋 답안 가이드

학습 단계 구분	학습 단계별 자료 내용
학습 전 자료	1. 공지사항 　– 학습 전에 학습자가 꼭 알아야 할 사항들을 알려줌 　– 오류 시 대처 방법, 학습 기간에 대한 설명, 수료(이수)하기 위한 필수 조건, 학습 시 주의사항 등을 알려줌 2. 강의계획서 　– 강의에 대한 사전정보(학습목표, 학습개요, 주별 학습내용, 평가 방법, 수료 조건 등)가 있는 자료
학습 중 자료	학습자가 강의 중에 도움을 받을 수 있도록 필요한 자료를 알려준다. 보통 강의 진행 중에 자료를 직접 다운로드 받을 수 있도록 하거나 관련 사이트 링크를 걸어준다.
학습 후 자료	평가나 과제 제출로 과정이 종료되는 것이 아니다. 설문조사를 등록해서 학습자가 과정에 대한 소비자 만족도 평가를 할 수 있도록 해야 한다. 일반적으로 학습자들이 필수적으로 하는 '평가' 또는 '성적 확인' 전에 설문을 먼저 실시하도록 한다. 강의나 과정 운영의 만족도뿐만 아니라 시스템이나 콘텐츠의 만족도도 묻는다. 설문 조사는 과정의 품질을 높일 수 있는 중요한 정보이다.

05 다음은 평가 등록 시 강의 진행 단계에 따른 평가 내용을 작성한 표이다. ㉠~㉢에 들어갈 알맞은 용어를 작성하시오.　　💡 1회 유사 기출 적중

강의 진행 단계	평가 내용
㉠	• 강의 진행 전에 이루어짐 • 학습자의 기초능력(선수학습능력, 사전학습능력) 전반을 진단하는 평가
㉡	• 각 차시가 종료된 후 이루어짐 • 학습자에게 바람직한 학습방향을 제시하는 평가 • 강의에서 원하는 학습목표를 제대로 달성했는지 확인하는 평가
㉢	• 강의 종료된 후 이루어짐 • 학습자의 수준을 종합적으로 확인할 수 있는 평가 • 학습자의 성적을 결정하고 학습자 집단의 특성 분석이 가능한 평가

㉠ _____,　　㉡ _____,　　㉢ _____

📋 답안 가이드

㉠ 진단평가, ㉡ 형성평가, ㉢ 총괄평가

03 학사일정 수립

01 이러닝 연간 학사일정에서 계획을 수립하는 때는 언제인지 쓰시오.

답안 가이드

이러닝 연간 학사일정
주로 전년도 연말에 계획을 수립함

02 이러닝에서 교 · 강사의 역할을 모두 작성하시오.

답안 가이드

교·강사
① 강의 콘텐츠를 제작할 때 : 녹화의 대상이 됨, 강의자
② 실시간 강의인 경우 : 수업 진행자
③ 강의 후 : 피드백을 받으면서 더욱 우수한 강의 콘텐츠를 만들 수 있어야 함

03 이러닝에서 학습자의 역할과 학습 시 가져야 할 자세에 대해 모두 쓰시오.

학습자
① 이러닝 과정을 충실히 수행하면서 수료해야 함
② 오프라인 수업과 다르게 성실성을 표현하기 어렵고, 과정 운영자도 측정하기 어려움
③ 학습자는 게시글을 카운트하는 정도가 아닌 학습에 적극적으로 참여하는 자세가 필요함

04 학사일정을 공지할 때 다음 중 밑줄 친 부분에 해당하는 대상을 작성하시오.

> 학사일정을 공지할 때, 사전에 조율이 필요하거나 긴급한 사항일 경우 전화를 통해 _____ 과/와 연락을 하지만 대부분 공문을 통해 학사일정 및 교육과정을 신고한다.

관계 기관

05 교육과정을 관계 기관에 신고할 때 비전자문서 작성방법을 서술하시오.

비전자문서 작성하기
① 문서 양식에 따라 정보(보고기관, 문서번호, 시행일, 수신기관 등) 입력하기
② 기안문 작성하기(문서 제목, 인사말, 문서 목적, 문서 내용, 기관 직인)
③ 첨부파일 확인한 후 메일 작성하기
④ 메일 전송하기

04 수강신청 관리

01 수강신청 현황을 확인하는 방법에 대하여 기술하시오

답안 가이드

수강신청 현황 확인 방법
① 수강신청이 이루어지면 학습관리시스템의 수강현황을 관리하는 화면에 수강신청 목록이 나타남
② 수강신청 순서에 따라서 목록이 누적되며, 수강신청한 과정명과 신청인 정보가 목록에 나타남

02 수강승인을 처리하는 방법에 대하여 2가지 이상을 쓰시오.

답안 가이드

수강승인 처리 방법
① 자동으로 수강신청이 되는 과정 개설 방법인 경우를 제외하면 수강신청 목록에 있는 과정을 승인해 주어야 함
② 수강승인을 위해서는 수강승인할 수강신청 목록을 체크한 후 → 수강승인 버튼 클릭
③ 수강취소를 위해서는 수강취소할 수강신청 목록을 체크한 후 → 승인취소 버튼 클릭
④ 수강승인을 하면 신청된 내역은 학습 중인 상태로 변경됨

03 교육과정별 수강 방법을 안내할 때, 입과 처리의 경우, 어떻게 안내하는 것이 운영자 입장에서 편리한지 작성하시오.

답안 가이드

교육과정별 수강 방법 안내
① 입과 처리가 되었을 때 : 자동으로 입과 안내 이메일이나 문자가 발송되게 할 수 있음
② 학습자의 수강 참여가 특별히 요구되는 과정일 때 : 학습자 정보를 확인하여 운영자가 직접 전화로 입과 안내 후 학습 진행 절차를 안내함(학습자가 활용할 수 있는 별도의 사용 매뉴얼, 학습안내 교육자료 등을 첨부)

04 학습자에게 이러닝 시스템 사용을 알려줄 때, 2가지의 방법에 대해 작성하고, 각각의 특징을 2가지 이상 작성하시오.

답안 가이드

학습자용 사용 매뉴얼
① 문서 형태
  - 이러닝에 경험이 적은 학습자도 있기 때문에 문서 형태로 사용 매뉴얼을 만들어 배포하기도 함(PDF 문서, 웹 문서 방식으로 구성)
  - 최근에는 브랜드 홍보 차원에서 별도 블로그 등의 SNS 채널을 운영하면서 사용 방법, 사용 팁, 우수 사례 등을 올리는 경우가 있음

– 검색을 통해 이러닝 서비스에 대한 홍보도 되고, 자연스럽게 학습자들이 참여하여 배포될 수 있는 효과도 얻을 수 있음
② 교육 형태
 – 교육받는 방법을 교육으로 풀어내면서 교육의 중요성을 각인시킬 수 있고, 이러닝 서비스 주체의 교육에 대한 열정을 보여줄 수도 있음
 – 정기 혹은 비정기적으로 오프라인을 통해 만남의 기회를 주어 교육할 수도 있음
 – 오프라인 교육의 장점 : 학습자의 요구사항을 파악하기 쉽고, 학습자의 오프라인 커뮤니티의 욕구를 해소할 수

05 수강변경 처리를 할 때, 처리방법과 주의해야 할 점을 모두 작성하시오.

답안 가이드

수강변경 사항 사후 처리
① 수강신청 내역을 변경하거나, 수강내역 등을 변경하는 경우에는 반드시 다른 정보들과 함께 비교해서 처리해야 함
② 학습자가 수강신청한 내역과 다르게 학습관리시스템에 처리가 되어 있다면 그 자체만으로 학습의 불만족 요소가 될 수 있기 때문에 주의해야 함

Chapter 05 이러닝 운영 지원도구 관리

01 운영 지원도구 분석

01 아래의 표는 이러닝 학습지원 도구에 관련된 내용을 나타낸 것이다. ㉠~㉢에 들어갈 알맞은 용어를 작성하시오.

분류	학습지원 도구의 예
㉠	콘텐츠 저작도구
㉡	운영지원을 위한 메시지 전송 시스템(메일, 문자, 쪽지 전송 등), 평가시스템, 설문시스템, 커뮤니티, 원격지원 시스템
㉢	역량진단시스템, 개인 학습경로 제시, 개인 학습자의 학습이력 관리 시스템

㉠ _____, ㉡ _____, ㉢ _____

답안 가이드

㉠ 과정개발 지원도구, ㉡ 운영 지원도구, ㉢ 학습 지원도구

02 아래의 표는 운영자 지원 시스템의 구성 및 기능에 관련된 내용을 나타낸 것이다. ㉠~㉢에 들어갈 알맞은 용어를 작성하시오.

구성	기능
㉠	학습운영관리학습 운영 중 운영자의 활동과 관련된 기능
수강관리	수강신청과 관련된 정보를 관리하는 기능
수료관리	수료기준에 따른 수료기능으로 구성
교·강사 관리	교·강사에 관한 기본 정보와 활동정보 관련 기능으로 구성
㉡	과정과 관련된 설문이나 홈페이지 설문을 통합적으로 관리하는 기능
㉢	학습관리시스템을 활용하여 학습운영과 관련된 통계를 생성, 확인하는 기능
회원 관리	회원관리 기능
교재 관리	교재 관련 기능
비용 관리	비용 관련 기능

PART 2 실기 출제예상 문제

㉠ _____, ㉡ _____, ㉢ _____

답안 가이드

㉠ 학습과정관리, ㉡ 설문관리, ㉢ 통계관리

03 학습자 지원 시스템의 4가지 기능에 대해 작성하시오.

답안 가이드

구성	기능
수강 관리 기능	수강 관련 기능
교과 학습 기능	학습과 관련된 기능
학습 지원 기능	학습을 지원하는 기능
개인정보 관리 기능	학습자 개인 정보와 관련된 기능

04 교·강사 지원 시스템의 4가지 기능에 대해 작성하시오.

답안 가이드

교· 강사 지원 시스템의 구성

구성	기능
학습 관리 기능	학습자가 학습하는 동안 교·강사로서 학습을 관리하는 기능
교·강사 활동 확인 기능	자신의 교·강사 활동을 확인하는 기능
교·강사 활동 지원 기능	교·강사 활동을 도와주는 기능
개인정보 관리 기능	교·강사 개인 정보와 관련된 기능

05 운영 지원도구의 활용방법에 대하여 2가지 이상을 서술하시오.

답안 가이드

운영 지원도구 활용 방법
① 학습자들의 학습 활동을 추적하는 기능 활용
② 학습 자료 제공 기능 활용
③ 학습자들과 교육자들 간의 소통을 위한 기능 활용
④ 학습자들의 학습 성과를 측정하는 기능 활용
⑤ 학습자들의 학습 경험을 개선하기 위한 기능 활용

02 운영 지원도구 선정

01 운영 지원도구를 선정할 때 '특정 분야의 전문 지식을 습득하는 과정'에서 필요한 자료가 무엇인지 서술하시오.

P A R T 2 실기 출제예상 문제

답안 가이드

특정 분야의 전문 지식을 습득하는 과정 : 학습자들이 전문 용어나 개념 등을 이해하고, 스스로 학습을 진행할 수 있는 학습 자료가 필요

02 운영 지원도구를 선정할 때 '문제해결학습 이러닝 과정'에서 중요한 것은 무엇인지 작성하시오.

답안 가이드

문제해결학습 이러닝 과정 : 학습자들이 다양한 문제 상황에 대한 해결책을 찾아내는 능력을 기르는 것이 중요

03 대규모 이러닝 강의 운영 시 어떤 운영 지원도구를 활용하는지 작성하시오.

답안 가이드

대규모 이러닝 강의를 운영할 때 : LMS를 활용, 온라인 토론방을 운영

04 실습 위주의 이러닝 과정을 운영할 때 적용하는 운영 지원도구를 2가지 이상 쓰시오.

답안 가이드

실습 위주의 이러닝 과정을 운영할 때 : 가상화된 학습 환경을 제공, 시뮬레이션 프로그램을 제공, 가상 실험실을 제공, 학습자들끼리 소통할 수 있는 온라인 포럼이나 채팅을 활용

05 여러 이러닝 과정의 방식 중, '비디오 채팅'을 운영 지원도구로 활용하는 이러닝 방식은 무엇인지 쓰시오.

답안 가이드

적용방법 매뉴얼
팀 프로젝트가 있는 이러닝 과정을 운영할 때 : LMS를 활용, 프로젝트 관리 도구 활용, 온라인 채팅 활용, 비디오 채팅 활용

03 운영 지원도구 관리

01 이러닝 운영 지원도구를 사용할 때 학습자 입장에서는 어떤 불편한 점이 있는지 작성하시오.

답안 가이드

사용 현황에 따른 문제점
학습자 입장에서 불편한 기능 : 학습지원시스템(LMS)의 운영도구를 살펴보면 운영자를 중심으로 개발된 기능들이 많아 학습자와 교·강사의 요구에 부합할 수 있도록 기능을 설계할 필요가 있음

02 이러닝 운영 지원도구를 사용할 때, 사용현황에 따른 문제점을 모두 서술하시오.

답안 가이드

사용 현황에 따른 문제점
① 학습자 입장에서 불편한 기능 : 학습지원시스템(LMS)의 운영도구를 살펴보면 운영자를 중심으로 개발된 기능들이 많아 학습자와 교·강사의 요구에 부합할 수 있도록 기능을 설계할 필요가 있음
② 새로운 학습 형태의 등장 : 이러닝, M-러닝, U-러닝 등과 같은 새로운 학습 형태가 등장하면서 학습 콘텐츠의 다양화와 함께 학습자들의 자기주도적인 개별학습을 지원하고 맞춤형 정보를 제공하기 위한 다양한 기능에 대한 요구가 증가함
③ 대부분 유사한 기능 구현 : LMS 기능들은 대부분의 개발 업체에서 유사한 메뉴로 구현하고 있음. 다양한 기능을 개별적으로 구현을 하기 위해서는 내부에 LMS 담당자(개발자)가 있어야 하지만, LMS를 임대하는 경우에는 구현이 더 어려움

PART 2 실기 출제예상 문제

03 이러닝 운영 지원도구를 사용할 때, 새로운 학습 형태의 등장으로 발생하는 문제점에 대하여 기술하시오.

답안 가이드

새로운 학습 형태의 등장 : 이러닝, M-러닝, U-러닝 등과 같은 새로운 학습 형태가 등장하면서 학습 콘텐츠의 다양화와 함께 학습자들의 자기주도적인 개별학습을 지원하고 맞춤형 정보를 제공하기 위한 다양한 기능에 대한 요구가 증가함

04 학습 대상이 학생, 대학생, 사이버 대학생인 경우, 각각 어떻게 운영을 하는 것이 좋은지, 구분하여 내용을 기술하시오.

답안 가이드

운영 지원도구 활용 보고서
① 학생 대상 수업에 활용 : 빠른 피드백, 모르는 문제에 대한 상호작용, 성취감 요소
② 대학생 대상 수업에 활용 : 교수 · 학생 간의 상호작용 증대, 학생 · 학생 간의 상호작용 증대, 학생 · 학습내용 간의 상호작용 증대, 새로운 수업 방식에 대한 학생들의 거부감 고려 필요
③ 사이버 대학 수업에 활용 : 학습동기 및 상호작용에 영향을 미침, 학습자 간 학습공간 및 상황인식 정보를 제공하는 지원도구 필요

Chapter 06 이러닝 운영 학습활동 지원

학습 환경 지원

01 인터넷 학습 환경을 체크할 때, 확인해야 할 사항들을 3가지 이상 작성하시오

답안 가이드

인터넷 학습 환경
① 여러 사람이 함께 사용하는 공용 공간에서 인터넷에 접속하는 경우 바이러스나 멀웨어 등과 같은 감염에 의한 학습장애가 있을 수 있음
② 고화질의 영상이 주를 이루고 있는 이러닝 서비스라면, 무선 인터넷에서는 원활한 학습이 어려울 수 있고, 요금이 많이 나올 수 있음
③ 집에서 유선 인터넷을 사용하는 경우 컴퓨터의 랜카드에 잘 꽂혀 있는지 체크해야 함
④ 공유기를 통해 연결되었을 때 공유기가 정상적으로 동작하는지 체크해야 함
⑤ 집이 아닌 회사나 기관 등의 업무용 컴퓨터는 일반적으로 '고정 IP'주소를 할당받아 연결되는 경우가 많음
⑥ 무선 인터넷에 접속하면 공용 와이파이는 연결이 자주 끊어지는 경우가 많으므로 권장하지 않음
⑦ 4G, 5G나 LTE로 무선 인터넷에 접속하는 경우 주의할 점은 데이터 요금임

02 개인용 컴퓨터로 이러닝을 학습할 시에 체크해야 할 사항을 3가지 이상 적으시오.

답안 가이드

개인용 컴퓨터
① 개인용 컴퓨터에 설치된 OS가 다르면 지원해야 하는 방법이 다르므로 학습자 소유의 개인용 컴퓨터가 어떤 것인지 확인하는 것이 중요함
② 학습자가 사용하는 윈도우 버전을 알아보는 것이 중요함
③ 윈도우용 애플리케이션을 맥에서 그대로 사용할 수 없으므로 별도의 학습 소프트웨어가 필요한 경우 맥용으로 제작하여 배포해야 함
④ 맥은 기본적으로 탑재된 웹 브라우저가 사파리(safari)이기 때문에, 맥 사용자들의 경우 크롬이나 파이어폭스 등과 같은 웹 브라우저를 별도로 설치하는 경우가 많음

03 이러닝의 경우 대부분 웹 브라우저를 통해 학습을 진행하기 때문에 (   )의 특성보다는 웹 브라우저의 특성이 더 중요한 경우가 많다. 괄호 안에 들어갈 용어는 무엇인지 작성하시오.

답안 가이드

OS
① 이러닝의 경우 대부분 웹 브라우저를 통해 학습을 진행하기 때문에 OS의 특성보다는 웹 브라우저의 특성이 더 중요한 경우가 많음
② 모바일 기기의 경우 애플 제품에는 iOS가, 나머지 기기에는 안드로이드가 설치되어 있는 경우가 많음

04 이러닝을 실시할 때 '원격지원'이 무엇인지, 용어의 정의를 쓰시오.

답안 가이드

원격지원
① 학습자가 학습을 진행하는 데 문제가 발생한 경우 운영자가 별도의 원격지원 도구를 활용하여 직접 학습자 기기를 조작하면서 문제를 해결하는 방법을 말함
② 학습자의 기기에 원격으로 접속하여 마치 운영자가 직접 기기를 사용하는 것과 같이 조작하면서 문제를 해결할수 있음

05 학습자가 학습을 진행했는데 관련 정보가 시스템에 업데이트가 안되는 경우, 운영관리자가 어떻게 해결해야 하는지 서술하시오.

답안 가이드

학습을 진행했는데 관련 정보가 시스템에 업데이트되지 않는 경우
원격지원을 통해 확인해 본 결과 학습자의 실수가 아니라고 판단되면 기술 지원팀과 협의하여 학습지원 시스템 상의 오류를 수정해야 함

02 학습활동 안내

01 이러닝에서 수강신청이 완료된 후 어디에서 확인할 수 있는지 기술하시오.

답안 가이드

수강신청이 완료되면 '마이페이지'나 '나의 강의실' 등에서 수강신청한 과정명을 찾을 수 있음

02 이러닝 과정 중, 과제의 성적에 따라서 수료 여부가 결정되는 과정의 경우, 반드시 과제 평가 후 (   ) 기능이 있어야 한다. 괄호에 들어갈 알맞은 용어는 무엇인가?

답안 가이드

성적과 관련된 과제
- 튜터링이 필요한 과제는 학습관리시스템 상에서 튜터 권한으로 접속하는 별도의 화면이 있어야 함
- 과제가 제출되면 해당 과제를 첨삭할 튜터에게 알림이 갈 수 있도록 구성되어야 함
- 과제의 성적에 따라서 수료 여부가 결정되기 때문에 과제 평가 후 <u>이의신청 기능</u>이 있어야 함
- 모사답안 검증을 위한 별도의 시스템을 활용하는 경우도 있음

03 이러닝 과제의 종류에서 튜터링 진행할 사람을 사전에 구성할 필요가 있는 과제는 어떤 과제인지 작성하시오.

답안 가이드

성적과 관련되지 않은 과제
- 성적과 관련이 없다고 하더라도 과제 제출을 요구하는 것 자체가 학습자의 시간과 노력을 요구하는 것이므로 체

계적이고 객관적인 운영이 필요함
– 과제 첨삭 여부에 따라서 튜터링 진행할 사람을 사전에 구성할 필요가 있음
– 해외 MOOC 등에서는 과제 채점을 인공지능 시스템이 하거나, 동료 학습자들이 함께 채점하는 경우 등의 다양한 시도가 나오고 있음

04 이러닝을 평가하는 방법에 대하여 2가지 이상 작성하시오.

답안 가이드

이러닝 평가 방법
① 진도율
   – 일반적으로 최소 학습 조건으로 넣는 경우가 있는데, 오프라인 교육에서 출석을 부르는 것과 유사한 개념임
   – 진도율은 일정 수치 이상으로 올라가야 과제와 평가를 진행할 수 있는 등의 전제 조건으로 사용되는 경우가 많음
② 과제
   – 학습자가 과제를 제출하면 튜터(혹은 교·강사)에게 과제 제출 여부를 알려주고, 과제가 채점되면 학습자에게 채점 여부를 알려주는 등의 상호작용이 필요함
③ 총괄평가
   – 총괄평가의 경우 문제은행 방식으로 구현될 수 있음
   – 시간제한을 두거나, 부정시험을 방지하기 위해서 별도의 시스템적인 제약을 걸어 놓는 경우도 있음

05 상호작용의 4가지 종류 중에서 '토론방, 질문답변 게시판, 쪽지 등을 통해서 상호작용'하는 것은 어떤 상호작용에 해당하는지 쓰시오.

답안 가이드

학습자 – 학습자 상호작용
① 학습자가 동료 학습자와 상호작용하는 것을 의미한다.
② 토론방, 질문답변 게시판, 쪽지 등을 통해 상호작용할 수 있다.
③ 소셜러닝 : 학습이 꼭 교·강사의 강의 내용이나 콘텐츠 내용으로 이루어지는 것이 아니라 동료 학습자와의 의사소통 사이에서도 일어날 수 있다는 것을 의미한다.

03 학습활동 촉진

01 이러닝 학습을 운영할 때, 학습자에게 학습 진도를 독려하는 수단을 3가지 이상 쓰시오.

답안 가이드

학습 진도 독려 방법
• 독려 수단
– 문자(SMS)
– 이메일(e-mail)
– 푸시 알림 메시지
– 전화

02 이러닝 학습진도를 독려할 때 고려해야 할 사항을 2가지 이상 작성하시오.

💡 1회 유사 기출 적중

답안 가이드

독려 시 고려사항
① 너무 자주 독려하지 않도록 한다.
② 관리 자체가 목적이 아니라 다시 학습을 할 수 있도록 하는 것이 목적임을 기억한다.
③ 독려 후 반응을 측정해야 한다.
④ 독려 비용효과성을 측정해야 한다.

03 이러닝 학습 시 소통 채널의 종류를 3가지 이상 쓰시오.

답안 가이드

소통 채널의 종류
① 웹 사이트, ② 문자(메시지), ③ 이메일, ④ 푸시 알림, ⑤ 전화, ⑥ 채팅, ⑦ 직접 면담

04 이러닝 학습 커뮤니티의 개념을 작성하시오.

답안 가이드

학습 커뮤니티 개념
커뮤니티(공동체)는 같은 관심사를 가진 집단을 의미하며, 학습자 자신이 원하는 주제와 관련된 배움을 원하는 사람들의 모임이기 때문에 학습 커뮤니티에 오는 사람들의 목적을 달성할 수 있도록 지원해야 한다.

05 이러닝 학습 커뮤니티를 관리하는 방법에 대하여 3가지 이상 서술하시오.

답안 가이드

학습 커뮤니티 관리 방법
① 주제와 관련된 정보 제공
② 예측 가능하도록 정기적으로 운영
③ 회원들의 자발성 유도
④ 운영진의 헌신 없이는 성장하기 어려움

04 수강 오류 관리

01 이러닝 학습 시 수강오류 원인은 크게 학습자에 의한 원인과, 학습지원 시스템에 의한 원인으로 구분할 수 있다. 각각의 경우, 운영자는 어떤 것을 파악하여 대처해야 하는지 작성하시오.

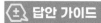 답안 가이드

수강 오류 원인
① 학습자에 의한 원인
 – 학습자의 수강 기기에 문제가 있는 경우에는 데스크톱 PC인지, 스마트폰 등과 같은 이동식 기기인지에 따라 대응 방법이 다르기 때문에 기기의 종류를 파악하는 것이 필요함
② 학습지원 시스템에 의한 원인
 – 웹 사이트 부문: 사이트 접속이 안되거나, 로그인이 안되거나, 진도 체크가 안되는 등의 사용상의 문제들이며, 운영자가 가장 먼저 대응하게 됨
 – 관리자 부문: 일반 학습자가 알기 어려운 부분이지만, 학습자의 오류가 관리자와 연동되어 움직이기 때문에 운영자 입장에서는 관리자 부문도 고려할 필요가 있음

02 이러닝 학습 시 수강오류 해결방법에 대하여 기술하시오.

📘 답안 가이드

수강 오류 해결 방법

① 관리자 기능에서 직접 해결하는 방법
  – 운영자가 관리자 기능에서 직접 해결할 수 있는 것들이 있으니 학습지원 시스템 매뉴얼을 숙지한 후 직접 처리 가능한 메뉴에는 어떤 것이 있는지 확인해야 함
② 기술 지원팀에 요청하여 처리하는 방법
  – 운영자가 기술 지원팀에 요청할 때에는, 단편적인 정보만 전달하기보다는 육하 원칙에 맞게 정리하여 전달하면 의사소통의 오류도 적고 처리도 빠르게 진행될 수 있음

03 이러닝 학습 시 성적처리 오류를 해결하는 방법에 대하여 쓰시오.

📘 답안 가이드

성적처리 오류 해결

① 수강오류 중 가장 민감한 것이 성적처리와 관련된 내용임
② 성적은 진도율, 과제 점수, 평가 점수 등의 조합으로 이루어짐
③ 관리자 기능에서 직접 수정할 수 있다면 수정하고, 그렇지 못한 경우에는 기술 지원팀에 요청해야 함

04 이러닝 학습 시 사용상 오류를 해결하는 방법에 대하여 작성하시오.

답안 가이드

사용상 오류 해결
① 수강 오류 원인을 확인
② 학습자에 의한 원인인지 학습지원 시스템에 의한 원인인지 확인
③ 관리자 기능에서 해당 오류를 직접 처리
④ 기술 지원팀의 도움을 받아야 하는 경우 해당 부서와 의사소통하여 처리
⑤ 해결 여부를 확인한 후 학습자에게 안내

05 이러닝 학습 시 진도, 과제, 시험 오류를 해결하는 방법에 대하여 쓰시오.

답안 가이드

진도, 과제, 시험 오류 해결
① 진도, 과제, 시험 중 어떤 부분에서 오류가 나는지 확인
② 관리자 기능에서 해당 오류를 직접 처리(일반적으로 진도율은 운영자가 직접 수정하지 못하게 되어 있는 경우가 많음)

Chapter 07 이러닝 운영 활동 관리

P A R T 2 실기 출제예상 문제

01 운영활동 계획

01 이러닝 운영 준비의 정의를 쓰시오.

답안 가이드

이러닝 운영 준비
이러닝 운영 준비란 이러닝 운영계획에 의거하여 운영 환경 준비, 과정 개설, 학사일정 수립 및 수강신청 업무를 수행하고 점검하는 것

02 이러닝 운영 준비 시 운영환경 준비활동 수행 여부를 점검할 때 고려해야 할 사항을 3가지 이상 작성하시오.

답안 가이드

운영환경 준비활동 수행 여부 점검

이러닝 서비스를 제공하는 학습사이트를 점검하여 문제점을 해결하였는가?
이러닝 운영을 위한 학습관리시스템(LMS)을 점검하여 문제점을 해결하였는가?
이러닝 학습지원도구의 기능을 점검하여 문제점을 해결하였는가?
이러닝 운영에 필요한 다양한 멀티미디어기기에서의 콘텐츠 구동 여부를 확인하였는가?
교육과정별로 콘텐츠의 오류 여부를 점검하여 수정을 요청하였는가?

03 이러닝 운영 시 교육과정 개설활동 수행 여부에 대하여 고려해야 할 사항을 2가지 이상 쓰시오.

답안 가이드

교육과정 개설활동 수행 여부에 대한 고려사항

학습자에게 제공 예정인 교육과정의 특성을 분석하였는가?
학습관리시스템(LMS)에 교육과정과 세부 차시를 등록하였는가?
학습관리시스템(LMS)에 공지사항, 강의계획서, 학습관련자료, 설문, 과제, 퀴즈 등을 포함한 사전 자료를 등록하였는가?
이러닝 학습관리시스템(LMS)에 교육과정별 평가문항을 등록하였는가?

---

04 이러닝 운영 활동관리 시 학사일정 수립활동 수행 여부에 대하여 고려해야 할 사항을 3가지 이상 쓰시오.

답안 가이드

학사일정 수립활동 수행 여부에 대한 고려사항

연간 학사일정을 기준으로 개별 학사일정을 수립하였는가?
원활한 학사진행을 위해 수립된 학사일정을 협업부서에 공지하였는가?
교·강사의 사전 운영 준비를 위해 수립된 학사일정을 교·강사에게 공지하였는가?
학습자의 사전 학습 준비를 위해 수립된 학사일정을 학습자에게 공지하였는가?
운영 예정인 교육과정에 대해 서식과 일정을 준수하여 관계 기관에 절차에 따라 신고하였는가?

05 이러닝 운영 활동관리 시 수강신청 관리활동 수행 여부에 대하여 고려해야 할 사항을 3가지 이상 작성하시오.

답안 가이드

수강신청 관리활동 수행 여부에 대한 고려사항

개설된 교육과정별로 수강신청 명단을 확인하고 수강승인 처리를 하였는가?
교육과정별로 수강 승인된 학습자를 대상으로 교육과정 입과를 안내하였는가?
운영 예정 과정에 대한 운영자 정보를 등록하였는가?
운영을 위해 개설된 교육과정에 교 · 강사를 지정하였는가?
학습과목별로 수강변경사항에 대한 사후처리를 하였는가?

02 운영활동 진행

01 이러닝 운영 학사관리의 정의를 작성하시오.

답안 가이드

이러닝 운영 학사관리
학습자의 정보를 확인하고 성적처리를 수행한 후 수료 기준에 따라 처리할 수 있는 능력

02 이러닝 운영진행 활동 중 학사관리가 적절하게 수행되었는지 여부를 검토하기 위해서 참조해야 할 사항은 무엇인지 모두 쓰시오.

답안 가이드

운영진행 활동 중 학사관리가 적절하게 수행되었는지 여부를 검토하기 위해 참조할 사항
① 학습자 정보 확인활동 수행 여부에 대한 고려사항
② 성적 처리활동 수행 여부에 대한 고려사항
③ 수료 관리활동 수행 여부에 대한 고려사항

03 이러닝 운영 교 · 강사 지원의 정의를 작성하시오.

답안 가이드

이러닝 운영 교 · 강사 지원
일련의 절차를 통해 교 · 강사를 선정하고 사전교육을 실시한 후 교 · 강사가 수행해야 할 활동을 안내하고 독려하며 교 · 강사의 각종 활동사항에 대한 개선사항을 관리할 수 있는 능력

04 이러닝 운영진행 활동 중 교 · 강사에 대한 지원 여부를 검토하기 위해 참조해야 할 사항은 무엇인지 모두 작성하시오.

⊕ **답안 가이드**

운영진행 활동 중 교·강사에 대한 지원 여부를 검토하기 위해 참조할 사항
① 교·강사 선정 관리활동 수행 여부에 대한 고려사항
② 교·강사 사전 교육활동 수행 여부에 대한 고려사항
③ 교·강사 활동의 안내활동 수행 여부에 대한 고려사항
④ 교·강사 활동의 개선활동 수행 여부에 대한 고려사항

05 이러닝 운영 학습활동 지원의 정의를 쓰시오.

⊕ **답안 가이드**

이러닝 운영 학습활동 지원
학습 환경을 최적화하고, 수강 오류를 신속하게 처리하며, 학습 활동이 촉진되도록 학습자를 지원하는 능력

06 이러닝 운영진행 활동 중 학습활동에 대한 지원 여부를 검토하기 위해 참조해야 할 사항은 무엇인지 모두 작성하시오.

⊕ **답안 가이드**

운영진행 활동 중 학습활동에 대한 지원 여부를 검토하기 위해 참조할 사항
① 학습 환경 지원활동 수행 여부에 대한 고려사항
② 학습안내 활동 수행 여부에 대한 고려사항
③ 학습촉진 활동 수행 여부에 대한 고려사항
④) 수강오류 관리활동 수행 여부에 대한 고려사항

07 이러닝 운영 평가관리의 정의를 쓰시오.

이러닝 운영 평가관리
과정 운영 종료 후 학습자 만족도와 학업성취도를 확인하고 과정평가 결과를 보고할 수 있는 능력

08 이러닝 운영진행 활동 중 과정평가 관리활동에 대한 지원 여부를 검토하기 위하여 참조해야 할 사항은 무엇인지 작성하시오.

운영진행 활동 중 과정평가 관리활동에 대한 지원 여부를 검토하기 위해 참조할 사항
① 과정만족도 조사 활동 수행 여부에 대한 고려사항
② 학업성취도 관리 활동 수행 여부에 대한 고려사항

03 운영활동 결과 보고

01 이러닝 운영 결과관리의 정의를 작성하시오.

답안 가이드

이러닝 운영 결과관리
과정 운영에 필요한 콘텐츠, 교·강사, 시스템, 운영 활동의 성과를 분석하고 개선사항을 관리하여 그 결과를 최종 평가보고서 형태로 작성하는 능력

02 이러닝 운영종료 후 운영성과 관리가 적절하게 수행되었는지 검토하기 위하여 참조해야 할 사항은 무엇인지 모두 작성하시오.

답안 가이드

운영종료 후 운영성과 관리가 적절하게 수행되었는지 검토하기 위해 참조할 사항
① 콘텐츠 운영결과 관리 활동 수행 여부에 대한 고려사항
② 교·강사 운영결과 관리 활동 수행 여부에 대한 고려사항
③ 시스템 운영결과 관리 활동 수행 여부에 대한 고려사항
④ 운영결과 관리보고서 작성 활동 수행 여부에 대한 고려사항

PART 2 실기 출제예상 문제

03 이러닝 운영종료 후 운영성과 관리가 적절하게 수행되었는지 검토하기 위하여 참조해야 할 사항 중에서 아래의 내용은 어떤 것에 대한 고려사항인지 쓰시오.

- 콘텐츠의 학습내용이 과정 운영 목표에 맞게 구성되어 있는지 확인하였는가?
- 콘텐츠가 과정 운영의 목표에 맞게 개발되었는지 확인하였는가?
- 콘텐츠가 과정 운영의 목표에 맞게 운영되었는지 확인하였는가?

답안 가이드

콘텐츠 운영결과 관리 활동 수행 여부에 대한 고려사항

콘텐츠의 학습내용이 과정 운영 목표에 맞게 구성되어 있는지 확인하였는가?
콘텐츠가 과정 운영의 목표에 맞게 개발되었는지 확인하였는가?
콘텐츠가 과정 운영의 목표에 맞게 운영되었는지 확인하였는가?

04 이러닝 운영종료 후 운영성과 관리가 적절하게 수행되었는지 검토하기 위하여 참조해야 할 사항 중에서 아래의 내용은 어떤 것에 대한 고려사항인지 쓰시오.

- 시스템 운영결과를 취합하여 운영성과를 분석하였는가?
- 과정 운영에 필요한 시스템의 하드웨어 요구사항을 분석하였는가?
- 과정 운영에 필요한 시스템 기능을 분석하여 개선 요구사항을 제안하였는가?
- 제안된 내용의 시스템 반영 여부를 확인하였는가?

📤 답안 가이드

시스템 운영결과 관리 활동 수행 여부에 대한 고려사항

시스템 운영결과를 취합하여 운영성과를 분석하였는가?
과정 운영에 필요한 시스템의 하드웨어 요구사항을 분석하였는가?
과정 운영에 필요한 시스템 기능을 분석하여 개선 요구사항을 제안하였는가?
제안된 내용의 시스템 반영 여부를 확인하였는가?

05 이러닝 운영종료 후 운영성과 관리가 적절하게 수행되었는지 검토하기 위하여 참조해야할 사항 중에서 아래의 내용은 어떤 것에 대한 고려사항인지 쓰시오.

- 학습 시작 전 운영준비 활동이 운영계획서에 맞게 수행되었는지 확인하였는가?
- 학습 진행 중 학사관리가 운영계획서에 맞게 수행되었는지 확인하였는가?
- 학습 진행 중 교·강사 지원이 운영계획서에 맞게 수행되었는지 확인하였는가?
- 학습 진행 중 학습활동지원이 운영계획서에 맞게 수행되었는지 확인하였는가?

📤 답안 가이드

운영결과 관리보고서 작성 활동 수행 여부에 대한 고려사항

학습 시작 전 운영준비 활동이 운영계획서에 맞게 수행되었는지 확인하였는가?
학습 진행 중 학사관리가 운영계획서에 맞게 수행되었는지 확인하였는가?
학습 진행 중 교·강사 지원이 운영계획서에 맞게 수행되었는지 확인하였는가?
학습 진행 중 학습활동지원이 운영계획서에 맞게 수행되었는지 확인하였는가?
학습 진행 중 과정평가관리가 운영계획서에 맞게 수행되었는지 확인하였는가?
학습 종료 후 운영 성과관리가 운영계획서에 맞게 수행되었는지 확인하였는가?

Chapter 08 이러닝 운영 교육과정 관리

01 교육과정 관리 계획

01 이러닝 운영 교육과정 관리 계획에서 교육수요를 예측하는 5단계 프로세스를 적으시오.

답안 가이드

교육수요 예측 프로세스
데이터 수집 → 데이터 전처리 → 데이터 분석 → 모델 검증 → 수요 예측

02 학습자들의 요구를 분석하는 방법을 3개 이상 작성하시오.

답안 가이드

학습자 요구 분석 방법
① 설문조사 : 학습자들에게 설문지를 배포하여 질문에 대한 답변을 수집함
② 인터뷰 : 학습자들과 일대일 인터뷰를 진행하여 학습자의 요구사항을 파악함
③ 집단 토론 : 학습자들을 집단으로 모아 토론을 진행하여 학습자들의 요구사항을 파악함
④ 관찰 : 학습자들의 학습 활동을 관찰하여 요구사항을 파악함

03 운영전략 목표 및 체계를 수립하는 방법의 순서를 5단계로 적으시오.

운영전략 목표 및 체계를 수립하는 방법
목표 설정 → 요구사항 파악 → 전략 수립 → 구현 방안 수립 → 평가 및 개선

04 교육과정 체계의 정의를 작성하시오.

교육과정 체계의 정의
교육과정을 구성하는 구성요소들을 체계적으로 정리한 것

05 교육과정 체계를 분석할 때 고려해야 할 것을 3가지 이상 작성하시오.

교육과정 체계 분석할 때 고려해야 할 것
교육과정 목표, 교육과정 구성, 교육과정의 유효성, 교육과정의 효율성, 교육과정의 품질, 교육과정의 개선 방안

06 이러닝 과정을 선정 및 관리하는 절차를 순서대로 5단계로 작성하시오.

이러닝 과정 선정 및 관리 절차
학습자 요구 파악 → 이러닝 교육과정 선정 → 교육과정 관리 → 교육과정 개선 → 학습자 참여 유도

02 교육과정 관리 진행

01 이러닝 교육과정 관리의 프로세스를 순서대로 작성하시오.

답안 가이드

교육과정 관리 프로세스
① 교육과정 계획, ② 교육과정 설계, ③ 교육과정 구현, ④ 교육과정 운영,
⑤ 교육과정 평가, ⑥ 교육자원 관리(교재, 교육장비, 교육인력), ⑦ 예산 및 비용 관리

02 이러닝 교육을 진행할 때 협업을 하는 관련 부서들 중에서 온라인 교육 콘텐츠의 기획을 하고 개발을 담당하는 부서는 어디인지 작성하시오.

답안 가이드

교육기획팀 : 온라인 교육 콘텐츠의 기획 및 개발을 담당하는 부서

03 이러닝 교육을 진행할 때 협업을 하는 관련 부서들 중에서 학습자들의 궁금증이나 문제점을 해결하는 지원 부서는 어디인지 쓰시오.

답안 가이드

학습지원팀 : 온라인 교육에서는 학습자들의 궁금증이나 문제점을 해결하는 지원 부서

04 과정관리 매뉴얼들 중에서 교육과정 운영 매뉴얼에 대하여 설명하시오.

답안 가이드

교육과정 운영 매뉴얼 : 교육과정 운영 시 필요한 내용, 강사 및 교육자원 준비, 교육장소 및 시설 준비, 교육과정 운영 절차 등을 포함

05 이러닝 교육에서 운영 성과를 정리할 때 고려해야 할 사항을 3가지 이상 작성하시오.

답안 가이드

운영 성과를 정리할 때 고려사항
① 수강생 만족도 : 만족도 조사를 실시하여 수강생의 의견을 수집하고, 그 결과를 바탕으로 개선 방안을 도출함
② 수강생 성적 : 수강생의 성적을 평가하고 성취도를 측정하여 그 결과를 바탕으로 교육과정을 개선함
③ 교육자료 품질 : 교육자료의 품질 · 자료의 정확성 · 완성도 · 유효성 등을 평가하고, 개선 방안을 도출함
④ 강사 성과 : 강사의 수업 방식 · 전달력 · 커뮤니케이션 능력 · 성과를 평가함
⑤ 예산 집행 및 경비 관리 : 교육과정 운영을 예산 집행 및 경비 관리 결과를 파악하여 경제적 효율을 도출함
⑥ 교육과정 개선 사항 : 운영 성과 평가 결과를 바탕으로 교육과정 개선 사항을 도출 및 제안하고, 실행 계획을 수립함

03 교육과정 관리 결과 보고

01 이러닝 운영 결과 분석의 순서를 네 가지 단계로 작성하시오.

답안 가이드

운영 결과 분석의 순서

① 데이터 수집 : 교육 과정에서 수집된 데이터를 정리하고 분석한다. 이 데이터들은 학습자들의 평가, 참여도, 학습 효과 등을 포함한다.

② 데이터 분석 : 수집된 데이터를 분석하여 교육 과정의 각 단계에서 발생한 문제점, 성공적인 부분, 개선이 필요한 부분 등을 파악한다.

③ 시사점 도출 : 데이터 분석을 기반으로 교육 과정에서 발생한 시사점을 도출한다. 이 시사점은 교육의 효과, 향상 방안, 개선할 점 등을 포함한다.

④ 보고서 작성 : 도출된 시사점들을 토대로 완료 보고서를 작성한다. 보고서에는 교육 과정의 개선 사항, 성과, 다음 교육에서 개선할 점 등을 포함시킬 수 있다.

02 온라인 교육을 마친 후 운영 결과를 분석할 때 정리할 내용 중에서 데이터 수집에 해당되는 내용들을 작성하시오.

답안 가이드

온라인 교육을 마친 후 운영 결과를 분석할 때 정리할 내용
① 데이터 수집의 예시 : 참여자 정보, 참여도, 만족도, 학습 효과, 피드백, 비용 대비 효과 등
② 데이터 분석의 예시 : 교육 계획 단계 분석, 교육 운영 단계 분석, 교육 평가 단계 분석

03 온라인 교육을 마친 후 운영 결과 보고서에 넣을 내용을 3가지 이상 쓰시오.

답안 가이드

온라인 교육을 마친 후, 운영 결과 보고서에 넣을 내용
① 교육 대상 : 교육을 받은 학습자들의 정보, 인원 수, 직급, 직무, 연령대, 학력, 경력 등
② 교육 일정 : 교육 일정 및 진행 상황 등
③ 교육 목표 : 교육 목적, 교육 내용, 목표 수준, 학습 목표, 학습 방법, 평가 방법 등
④ 교육 방법 : 동영상 강의, 온라인 강의실, 토론 게시판, 채팅, 게임 기반 학습 등
⑤ 교육 평가 : 만족도, 학습효과, 개선사항, 참여도, 강사 평가, 교육 자료 평가, 교육 시스템 평가
⑥ 참고 자료 : 강의 자료, 참고 자료, 교육 관련 법령, 교육 플랫폼 관련 자료, 참석자 명단, 기타 자료

04 온라인 교육을 마친 후 운영 결과 보고서에 넣을 내용 중에서 동영상 강의, 온라인 강의실은 어떤 내용에 해당되는지 적으시오.

답안 가이드

교육 방법 : 동영상 강의, 온라인 강의실, 토론 게시판, 채팅, 게임 기반 학습 등

05 온라인 교육 이후에, 시사점을 도출하여 피드백 시 보고서에 포함시키면 좋은 내용을 2가지 이상 쓰시오.

답안 가이드

시사점을 도출하여 피드백 시 참고할 내용
교육의 내용, 교육 방법, 교육자의 역할, 교육의 효과, 향상 방안, 개선할 점, 학습자들의 의견, 교육의 지속성

Chapter 09 이러닝 운영 결과 관리

01 콘텐츠 운영결과 관리

01 이러닝 과정을 운영하는 기관에서 학습내용 적합성을 평가하는 이유는 무엇인지 쓰시오.

답안 가이드

학습내용 적합성 평가의 필요성
이러닝 학습콘텐츠의 학습내용이 운영하고자 하는 교육과정의 특성에 적합한지를 확인하기 위함

02 학습내용에 대한 적합성을 평가하기 위한 기준을 3가지 이상 작성하시오.

답안 가이드

학습내용에 대한 적합성을 평가하기 위한 기준
학습목표, 학습내용 선정, 학습내용 구성 및 조직, 학습난이도, 학습분량, 보충 심화 학습자료, 내용의 저작권, 윤리적 규범 등

03 과정운영 목표의 정의를 쓰시오.

답안 가이드

과정운영 목표의 정의
과정운영 목표는 이러닝 학습과정을 운영하는 기관에서 설정한 교육과정 운영을 위한 목표를 의미함

04 학습콘텐츠 개발 적합성 평가의 기준을 3가지 이상 서술하시오.

답안 가이드

학습콘텐츠 개발 적합성 평가의 기준
① 학습자들의 학습과정 목표 달성도가 어느 정도인지를 산출함
② 학습콘텐츠는 체계적으로 학습활동을 수행하는데 도움이 되도록 설계되었는지 파악하기
③ 학습콘텐츠를 사용하는 학습 과정에서 어려움은 겪지는 않았는지 파악하기
④ 학습콘텐츠에서 활용하고 있는 학습내용에 대한 평가 내용과 방법이 적절한지 파악하기
⑤ 학습콘텐츠의 전체적인 학습시간이 학습에 요구되는 학습시간(1차시 최소 25분 이상)을 충족하는지 파악하기

05 이러닝 운영 프로세스의 의미를 적으시오.

답안 가이드

이러닝 운영 프로세스의 의미
① 정의 1 : 이러닝 운영 프로세스는 이러닝을 기획하고 준비하는 단계에서부터 이러닝 학습활동과 평가활동을 수행한 후, 평가결과와 운영결과를 활용하고 관리하는 단계에 이르는 전반적인 과정을 의미함
② 정의 2 : 이러닝 학습 환경에서 교수 – 학습을 효율적이고 체계적으로 수행할수 있도록 지원하고 관리하는 총체적인 활동을 의미하며 기획, 준비, 실시, 관리 및 유지의 과정으로 구성됨

02 교·강사 운영결과 관리

01 온라인 교육에서 '교·강사 활동 평가'가 중요한 이유를 적으시오.

📋 답안 가이드

교·강사 활동 평가의 중요성

교·강사 활동에 대한 평가와 관리는 학습 성과와 운영과정의 성과에 영향을 미치기 때문에 중요하며, 이러닝 운영과정에서 교·강사들의 적극적인 운영활동 참여를 끌어내기 위해서는 보상체계와 연계되어 운영하는 것이 필요

02 이러닝 교육에서 내용전문가의 역할에 대하여 설명하시오.

📋 답안 가이드

역할	역할 설명
내용전문가	내용전문성을 기초로 학습내용에 관해 설명하고, 학생들의 질의에 답변하는 등의 활동을 수행하는 것으로 교·강사의 가장 핵심적인 역할

03 기업교육기관, 초중등 기관, 사이버대학과 같은 고등교육 기관에서의 교·강사 활동 평가 기준은 모두 다른데 여기서 기관별 '교·강사 활동 평가 기준'을 구분하여 적으시오.

PART 2 실기 출제예상 문제

답안 가이드

이러닝 운영기관에 따른 교·강사 활동 평가 기준
① 기업교육기관의 평가기준
  – 주로 교·강사의 튜터링 활동(수업운영 활동) 내용을 평가함
② 초중등 기관의 평가기준
  – 수업운영 : 시도교육청 지원, 수업운영, 학습지원 기능
  – 콘텐츠 : 콘텐츠 속성, 콘텐츠 기능
③ 사이버대학과 같은 고등교육 기관에서의 평가기준
  – 수업운영 : 학습내용, 수업운영, 강의 추천 등
  – 콘텐츠 : 수업 콘텐츠, 교수의 강의

04 이러닝 진행 이후, 교·강사 활동 결과를 분석할 때 확인해야 할 것들을 3가지 이상 작성하시오.

답안 가이드

교·강사 활동 결과를 분석할 때 확인할 것
① 질의응답의 충실성 분석, ② 첨삭지도 및 채점활동 분석, ③ 보조자료 등록 현황 분석,
④ 학습 상호작용 활동 분석, ⑤ 학습참여 독려 현황 분석, ⑥ 모사답안 여부 확인 활동 분석

05 이러닝 진행 이후, 교·강사 활동 분석 결과를 피드백하는 과정을 적으시오.

답안 가이드

교·강사 활동 분석 결과를 피드백하는 과정
① 교·강사 활동 분석 결과 제공 : 이러닝 과정운영자는 교·강사들의 과정 운영 활동에 대한 결과를 분석하여 개선방안과 함께 안내함
② 교·강사 활동 개선하기 : 이러닝 과정운영자는 교·강사에게 제공된 분석 결과와 개선방안과 관련하여 필요한 교육 훈련을 이수할 수 있는 기회를 주고 참여를 요청할 수 있음

03 시스템 운영결과 관리

1. 학습관리시스템(Learning Management System)의 개념을 적으시오.

답안 가이드

학습관리시스템(Learning Management System)의 개념
LMS의 정의 : 웹 기반 온라인 학습 환경에서의 교수 - 학습을 효율적이고 체계적으로 준비, 실시, 관리할 수 있도록 지원해주는 시스템을 의미

02 학습관리시스템(Learning Management System)의 3가지 기능을 쓰시오.

답안 가이드

학습관리시스템(Learning Management System)의 3가지 기능
① 교수자의 교수활동 지원 기능
② 학습자의 학습활동 지원 기능
③ 운영 및 관리자의 운영관리활동 지원 기능

03 이러닝 시스템 운영 결과의 정의를 쓰시오.

답안 가이드

이러닝 시스템 운영 결과
이러닝 운영을 준비하는 과정, 운영을 실시하는 과정, 운영을 종료하고 분석하는 과정에서 취합된 시스템 운영결과를 의미함

04 운영 준비과정을 지원하는 시스템 운영결과 구성 요인은 무엇인지 작성하시오.

답안 가이드

운영 준비과정을 지원하는 시스템 운영결과 구성 요인
① 운영환경 준비를 위한 시스템 운영결과 확인사항
② 교육과정 개설 준비를 위한 시스템 운영결과 확인사항
③ 학사일정 수립 준비를 위한 시스템 운영결과 확인사항
④ 수강신청 관리 준비를 위한 시스템 운영결과 확인사항

05 운영 실시과정을 지원하는 시스템 운영결과 구성 요인은 무엇인지 작성하시오.

답안 가이드

운영 실시과정을 지원하는 시스템 운영결과 구성 요인
① 학사관리 기능 지원을 위한 시스템 운영결과 확인사항
② 교 · 강사 활동 기능 지원을 위한 시스템 운영결과 확인사항
③ 학습자 학습활동 기능 지원을 위한 시스템 운영결과 확인사항
④ 이러닝 고객활동 기능 지원을 위한 시스템 운영결과 확인사항

04 운영결과 관리 보고서 작성

01 이러닝 운영결과 관리 보고서 작성 시 운영과정, 세부 수행 내용, 관련 자료를 보면 아래의 표와 같이 나누어진다. ㉠~㉂에 들어갈 알맞은 용어를 작성하시오.

1회 유사 기출 적중

운영과정		세부 수행 내용	관련 자료
운영 준비	㉡	운영요구 분석 운영제도 분석 운영계획 수립	운영계획서 운영 관계 법령
	㉢	운영환경 분석 교육과정 개설 학사일정 수립	학습과목별 강의계획서 교육과정별 과정개요서
㉠	학사관리	학습자 관리 성적 처리 수료 관리	학습자 프로파일 자료
	교 · 강사 활동 지원	교 · 강사 선정 관리 교 · 강사 활동 안내 교 · 강사 수행 관리 교 · 강사 불편사항 지원	교 · 강사 프로파일 자료 교 · 강사 업무현황 자료 교 · 강사 불편사항 취합 자료
	학습활동 지원	학습 환경 지원 학습과정 안내 학습 촉진 수강오류 관리	학습활동 지원 현황 자료
	고객지원	고객유형 분석 고객채널 관리 게시판 관리 고객요구사항 지원	고객지원 현황 자료
	㉣	과정만족도 조사 학업성취도 관리 과정평가 타당성 검토 과정평가 결과 보고	과정만족도 조사 자료 학업성취 자료 과정평가 결과 보고 자료
운영 종료 후	㉤	콘텐츠 평가 관리 교 · 강사 평가 관리 시스템 운영 결과 관리 운영활동 결과 관리 개선사항 관리 최종 평가보고서 작성	과정 운영 계획서 콘텐츠 기획서 교 · 강사 관리 자료 시스템 운영 현황 자료 성과 보고 자료
	㉥	매출업무 지원 사업기획업무 지원 콘텐츠업무 지원 영업업무 지원	매출 보고서 과정 운영계획서 운영결과 보고서 콘텐츠 요구사항 정의서

| ⊙ _____, | ⊙ _____, | ⊙ _____ |
| ⊜ _____, | ⊙ _____, | ⊌ _____ |

🕮 답안 가이드

⊙ 운영실시, ⊙ 운영기획과정, ⊙ 운영준비과정, ⊜ 과정평가관리, ⊙ 운영 성과관리, ⊌ 유관부서 업무지원

---

02 아래의 표는 이러닝 운영준비 과정과 관련된 자료명과 자료에 대한 설명을 나타낸 것이다. ⊙과 ⊙에 들어갈 알맞은 용어를 적으시오. 💡 1회 유사 기출 적중

관련 자료 명칭	내용 설명
⊙	– 이러닝 과정을 운영하기 위한 계획을 담고 있는 자료 – 학습자, 고객, 교육과정, 학습 환경 등에 관한 운영 요구를 분석한 내용, 최신 이러닝 트렌드, 우수 운영사례, 과정 운영 개선사항 등의 내용, 운영 제도의 유형 및 변경사항, 과정 운영을 위한 전략, 일정계획, 홍보계획, 평가전략 등의 운영계획을 포함한 내용으로 구성됨
콘텐츠 기획서	– 이러닝 콘텐츠에 관한 기획 내용을 담고 있는 자료 – 내용 구성, 교수학습 전략, 개발 과정, 개발 일정 및 방법, 개발 인력, 품질 관리 방법 등의 내용으로 구성됨
운영 관계 법령	– 이러닝 운영에 영향을 미치는 주요 법령을 의미함 – 고등교육법, 평생교육법, 직업능력개발법, 학원의 설립, 운영 및 과외 교습에 관한 법률 등에 관한 내용으로 구성됨
⊙	– 단위 운영과목에 관한 세부 내용을 담고 있는 문서 – 강의명, 강사, 연락처, 강의 목적, 강의 구성 내용, 강의 평가기준, 세부 목차, 강의 일정 등의 내용으로 구성됨
교육과정별 과정개요서	– 교육과정에 관한 세부 내용을 담고 있는 문서 – 교육목표를 달성하기 위해 교육내용과 학습활동을 체계적으로 편성, 조직한 것으로 단위 수업의 구성요소와는 구별되는 내용으로 구성됨

| ⊙ _____, | ⊙ _____ |

🕮 답안 가이드

⊙ 과정 운영계획서, ⊙ 학습과목별 강의계획서

03 아래의 표는 이러닝 운영실시 과정과 관련된 자료명과 자료에 대한 설명을 나타낸 것이다. ㉠과 ㉡에 들어갈 알맞은 용어를 적으시오.

관련 자료 명칭	내용 설명
㉠	– 학습자에 관한 제반 정보를 담고 있는 자료로 학습자의 신상 정보, 학습이력 정보, 학업성취 정보, 학습선호도 정보 등으로 구성됨 – 학습자 프로파일 정보에 관한 자료는 학습자가 수강신청을 하고 과정을 이수하여 수료한 결과를 모두 포함하는 내용으로 구성되어 지속적으로 관리가 됨 – 학습자 프로파일에 관한 표준화가 이루어지면 운영되는 과정이 무엇이든 상관없이 학습자에 관한 세부 특성 자료를 공유하고 호환할 수 있지만, 표준화가 이루어지지 않은 상태에서는 운영기관별로 관리하므로 기관끼리 상호 호환할 수 없는 특성을 지님
교·강사 프로파일	– 교·강사에 관한 정보를 담고 있는 자료 – 기본적인 신상에 관한 정보, 교·강사의 전공 및 전문성에 관한 정보, 교·강사의 자격에 관한 정보, 교·강사의 과정 운영 이력에 관한 정보 등으로 구성됨
㉡	– 과정 운영 과정에서 교·강사가 수행한 업무활동에 관한 내용을 담고 있는 자료 – 교·강사가 수행해야 할 활동에 대한 인식 정도와 운영과정에서 교·강사 수행 역할에 관한 수행정보 등으로 구성됨
교·강사 불편사항 취합자료	– 과정 운영 과정에서 교·강사가 불편함을 호소한 내용을 어떻게 처리했는가에 대한 자료 – 운영자가 해결방안을 마련하고 실무부서에 전달하여 처리했는지에 대한 내용으로 구성됨

㉠ _____, ㉡ _____

답안 가이드

㉠ 학습자 프로파일, ㉡ 교·강사 업무현황 자료

04 아래의 표는 이러닝 운영 종료 후 과정과 관련된 자료명과 자료에 대한 설명을 나타낸 것이다. ㉠~㉢에 들어갈 알맞은 용어를 적으시오. `1회 유사 기출 적중`

관련 자료 명칭	내용 설명
㉠	– 과정 운영에 참여한 교·강사 활동에 관한 관리 자료 – 교·강사 활동에 관한 평가기준, 평가활동 수행의 적합성 여부, 교·강사 활동에 관한 결과, 교·강사 등급 평가 등의 내용으로 구성됨
㉡	– 이러닝 시스템의 운영결과를 취합한 성과 분석 자료 – 이러닝 시스템의 기능 분석, 하드웨어 요구사항 분석, 기능 개선 요구사항에 대한 시스템 반영 여부 등의 내용으로 구성됨
㉢	– 이러닝 과정 운영활동에 대한 결과를 보고하는 자료 – 운영준비 활동, 운영 실시 활동, 운영 종료 후 활동에 대한 결과를 분석한 내용으로 구성됨
매출 보고서	– 이러닝 운영결과에 대한 매출 자료 – 매출 자료를 작성하고 보고하는 내용으로 구성됨

㉠ _____, ㉡ _____, ㉢ _____

답안 가이드

㉠ 교·강사 관리자료, ㉡ 시스템 운영 현황 자료, ㉢ 성과 보고 자료

05 최종 보고서 작성 시 고려해야 할 것은 무엇인지 작성하시오.

답안 가이드

최종 보고서 작성 시 고려할 것
① 이러닝 운영 과정의 활동과 결과를 중심으로 작성해야 함
② 콘텐츠 평가에 관한 내용, 교·강사 평가에 관한 내용, 시스템 운영결과에 관한 내용, 운영활동 결과에 관한 내용 및 개선사항 등을 포함하여 작성해야 함

PART 3
이러닝운영관리사
실기 최신 기출문제

2024년 제1회 시험 후기를 바탕으로 복원한 문제입니다.

01 다음은 이러닝산업법이 규정하는 이러닝의 정의이다. 괄호 안에 들어갈 말을 순서대로 작성하시오. [4점]

> "이러닝"이란 (   )적 수단, (   )통신, 전파, 방송, 인공지능, 가상현실 및 (   )현실 관련 기술을 활용하여 이루어지는 학습을 말한다.

📥 모범 답안 & 가이드

정답 – 전자, 정보, 증강

"이러닝"이란 (전자)적 수단, (정보)통신, 전파, 방송, 인공지능, 가상현실 및 (증강)현실 관련 기술을 활용하여 이루어지는 학습을 말한다. (「이러닝(전자학습)산업 발전 및 이러닝 활용 촉진에 관한 법률」 제2조 제1호, 약칭:이러닝산업법)

02 이러닝 산업을 분류함에 있어 4가지 대분류 범위를 작성하시오. [4점]

📥 모범 답안 & 가이드

정답 – 이러닝 콘텐츠, 이러닝 솔루션, 이러닝 서비스, 이러닝 하드웨어

이러닝 산업은 이러닝 사업자의 생산활동을 이러닝 ① 콘텐츠, ② 솔루션, ③ 서비스, ④ 하드웨어 4개로 대분류하고, 그 하위에 12개 중분류, 33개 소분류하여 이러닝 범위를 구체화하고 있다.

03 이러닝 학업성취도 평가 시 활용하는 커크패트릭의 4단계 평가모형에서 괄호 안에 들어 갈 적절한 내용을 순서대로 작성하시오. [6점]

> 1단계 (　　) → 2단계 학습 → 3단계 (　　) → 4단계 (　　)

⬢ 모범 답안 & 가이드

정답 – 반응, 행동, 성과

커크패트릭(Kirkpatrick)의 4단계 평가모형

측정 수준		내용	평가 내용	평가 방법
1단계	반응평가 [Reaction]	**교육과정에 대해 학습자들이 만족했는가?** 프로그램에 대한 느낌과 만족도를 측정함	교육과 강사 관련 내용	• 설문지 • 인터뷰
2단계	학습평가 [Learning]	**교육과정에서 무엇을 배웠는가?** 프로그램 이수의 결과로 지식, 기술, 태도를 얼마나 향상시키고 변화시켰는가를 일정 시점 이후에 측정함	교육목표 달성도	• 사전/사후 검사비교 • 통제/연수 집단비교 • 지필검사 • 체크리스트
3단계	행동평가 [Behavior]	**참가자들이 학습한 대로 행동하고 있는가?** 프로그램을 통해 학습한 지식, 태도 등을 직무에 얼마나 적용하고 있는가를 측정함	학습내용의 현업 적용도	• 통제/연수 집단비교 • 인터뷰 • 설문지 • 관찰
4단계	성과평가 [Result]	**조직에 어떤 성과를 제공했는가?** 프로그램 이수의 결과가 조직의 사업과 성장에 어느 정도 영향을 미쳤는가를 측정함	기업이 얻는 이익	• 통제/연수 집단비교 • 사전/사후 검사비교 • 비용/효과 고려

04 켈러(Keller)의 ARCS 동기 이론을 구성하는 4가지 요소를 작성하시오. [6점]

모범 답안 & 가이드

정답 – 주의집중, 관련성, 자신감, 만족감

켈러(Keller)의 ARCS 동기 이론은 학습동기를 유발하는 변인을 동기이론 모형의 네 가지 요소인 주의력(A), 관련성(R), 자신감(C), 만족감(S)으로 분류하여, 수업에 있어서 체계적인 동기 전략의 필요성을 주장한 이론으로 다음과 같은 4가지 요소로 구성된다.
- 주의집중(Attention) : 학습자의 흥미를 사로잡거나 학습에 대한 호기심을 유발하는 것
- 관련성(Relevance) : 학습자의 필요와 목적에 수업을 맞추는 것
- 자신감(Confidence) : 학습자가 자신의 통제 하에 스스로 성공할 수 있다고 느끼고 믿도록 도와주는 것
- 만족감(Satisfaction) : 내재적, 외재적 보상을 통해 성취를 강화해 주는 것

05 이러닝 표준화 시 고려해야 할 목적 4가지를 작성하시오. [8점]

모범 답안 & 가이드

정답 – 재사용 가능성, 접근성, 상호운용성, 항구성(내구성)

이러닝 표준화의 목적(고려사항)
① 재사용 가능성(Reusability) : 기존 학습 객체 또는 콘텐츠를 학습 자료로서 다양하게 응용하여 새로운 학습 콘텐츠를 구축할 수 있는 특성
② 접근성(Accessibility) : 원격지에서 학습 자료에 쉽게 접근하여 검색하거나 배포할 수 있는 특성
③ 상호운용성(Interoperability) : 서로 다른 도구 및 플랫폼에서 개발된 학습 자료가 상호 간에 공유되거나 그대로 사용될 수 있는 특성
④ 항구성(durability) : 한번 개발된 학습 자료는 새로운 기술이나 환경변화에 큰 비용부담 없이 쉽게 적응될 수 있는 특성

06 원격교육에 대한 학점인정 기준에 대한 다음 내용 중 빈칸에 들어갈 알맞은 것을 제시된 숫자에서 골라 순서대로 작성하시오. [4점]

> 1   2   4   8   10   15   20   25

- 수업일수는 출석수업을 포함하여 (   )주 이상 지속되어야 한다.
- 원격 콘텐츠의 순수 진행시간은 (   )분 또는 (   )프레임 이상을 단위시간으로 하여 제작되어야 한다.
- 학업성취도 평가에서 평가근거는 시스템에 저장하여 (   )년까지 보관하여야 한다.

🔺 모범 답안 & 가이드

정답 – 15, 25, 20, 4

원격교육에 대한 학점인정 기준의 세부 내용
① 수업일수 : 출석수업을 포함하여 15주 이상 지속되어야 함. 고등교육법 시행령에 의한 시간제등록제의 경우에는 8주 이상 지속되어야 함
② 원격 콘텐츠의 순수 진행시간은 25분 또는 20프레임 이상을 단위시간으로 하여 제작되어야 함
③ 학업성취도 평가는 학사운영플랫폼 또는 학습관리시스템 내에서 엄정하게 처리하여야 하며, 평가 시작시간, 종료시간, IP주소 등의 평가근거는 시스템에 저장하여 4년까지 보관하여야 함
④ 원격교육의 비율은 다음 각 호의 범위에서 운영하여야 한다.
  – 원격교육기관 : 수업일수의 60% 이상 (실습 과목은 예외)
  – 원격교육기관 외의 교육기관 : 수업일수의 40% 이내
  – 고등교육법 시행령 제53조제3항에 의한 시간제 등록생만을 대상으로 하는 수업 : 수업 일수

07 이러닝 콘텐츠의 유형 중 개인교수형 콘텐츠에 대한 특징을 작성하시오. [4점]

± 모범 답안 & 가이드

- 모듈 형태의 구조화된 체계 내에서 교수자가 학습자를 개별적으로 가르치는 것처럼 컴퓨터가 학습내용을 설명, 안내하고, 피드백을 제공하는 유형
- 전통적인 교수 형태로 교수자가 주도하여 학습을 진행하는 유형
- 여러 수준의 지식을 전달하는 교육에 효과적이며 친숙한 교수 방법임

08 다음 이러닝 학습 진행에 따른 사항에서 괄호 안에 들어갈 알맞은 말을 순서대로 작성하시오. [6점]

- ( ) 평가 : 학습자가 강의에서 원하는 학습목표를 제대로 달성했는지 확인하는 평가
- ( ) 평가 : 학습자의 기초능력(선수학습능력, 사전학습능력) 전반을 진단하는 평가
- ( ) 평가 : 학습자의 수준을 종합적으로 확인하고, 학습자의 성적을 결정하고 학습자 집단의 특성 분석이 가능한 평가

± 모범 답안 & 가이드

정답 - 형성, 진단, 총괄

강의 진행 단계	평가 내용
진단평가	• 강의 진행 전에 이루어짐 • 학습자의 기초능력(선수학습능력, 사전학습능력) 전반을 진단하는 평가
형성평가	• 각 차시가 종료된 후 이루어짐 • 학습자에게 바람직한 학습방향을 제시하는 평가 • 강의에서 원하는 학습목표를 제대로 달성했는지 확인하는 평가
총괄평가	• 강의 종료 후 이루어짐 • 학습자의 수준을 종합적으로 확인할 수 있는 평가 • 학습자의 성적을 결정하고 학습자 집단의 특성 분석이 가능한 평가

09 다음은 벤자민 블룸(Benjamin Bloom)이 세운 교육 목표 6단계이다. 제시된 내용에서 각 빈칸에 들어갈 적절한 내용을 골라 순서대로 작성하시오. [4점]

> 적용하기   분석하기   이해하기   평가하기

> 1. 기억하기 : 학습한 용어나 개념, 사실이나 기억된 정보를 회상하는 단계
> 2. (   ) : 자료에서 의미를 구성하고, 개념이나 이론을 설명할 수 있는 단계
> 3. (   ) : 학습한 지식을 실생활에서 활용하고, 절차를 실행하거나 기본 전략을 수행하는 단계
> 4. (   ) : 학습한 개념이나 이론을 파악하여 다른 것들과 관계를 파악할 수 있는 단계
> 5. (   ) : 자료나 산출물, 학습한 내용의 가치를 기준에 따라 판단하는 단계
> 6. 창조하기 : 학습한 지식의 요소들을 결합하여 새로운 것으로 발전시키는 단계

📖 모범 답안 & 가이드

정답 – 이해하기, 적용하기, 분석하기, 평가하기

블룸(Benjamin Bloom)의 교육목표 6단계
1. 기억하기(Remembering) : 학습한 용어나 개념 등을 기억하는 단계, 사실이나 기억된 정보를 회상하기
2. 이해하기(Understanding) : 개념이나 이론을 설명할 수 있는 단계, 문자나 그래픽 등 자료에서 의미를 구성하기
3. 적용하기(Applying) : 절차를 실행하거나 기본 전략을 수행하는 단계, 학습한 지식을 실생활에서 활용하기
4. 분석하기(Analyzing) : 학습한 개념이나 이론을 파악하여 다른 것들과 관계를 파악할 수 있는 단계, 각 내용을 조직하여 관점을 정하거나 의미를 드러내기
5. 평가하기(Evaluating) : 자료나 산출물, 학습한 내용의 가치를 기준에 따라 판단하는 단계
6. 창조하기(Creating) : 학습한 지식을 새로운 것으로 발전시키는 단계, 흩어져 있던 요소들을 결합하여 새로운 것을 창안하기

10 다음은 이러닝 학습 독려 시 고려사항이다. 빈칸에 들어갈 알맞은 말을 작성하시오. [4점]

- (   )
- 관리 자체가 목적이 아니라 학습을 다시 할 수 있도록 함이 목적임을 기억한다.
- (   )
- 독려 비용효과성을 측정해야 한다.

모범 답안 & 가이드

정답 – 너무 자주 독려하지 않도록 한다. 독려 후 반응을 측정해야 한다.

이러닝 학습 독려 시 고려사항

① **너무 자주 독려하지 않도록 한다.**
　독려는 꼭 필요한 경우에만 하도록 설정해서 학습자가 독려 자체 때문에 피곤함을 느끼지 않도록 해야 한다. 그렇다고 너무 독려를 하지 않으면 수료율에 영향을 미칠 수 있으므로 적절한 균형점을 찾는 것이 필요하다.

② **관리 자체가 목적이 아니라 학습을 다시 할 수 있도록 함이 목적임을 기억한다.**
　독려는 학습자가 다시 학습을 진행할 수 있도록 돕고 안내하기 위한 것이지 당연히 하는 관리 행위가 아님을 기억해야 한다.

③ **독려 후 반응을 측정해야 한다.**
　독려를 했다면 언제 했고, 학습자가 어떤 반응을 보였는지 기록해 놓았다가, 다시 학습으로 복귀를 했는지 반드시 체크해야 한다. 기계적으로 비슷한 메시지를 학습자에게 전달하기보다는 학습자의 학습 상황에 최적화된 맞춤형 메시지를 설계하는 것이 중요하다.

④ **독려 비용효과성을 측정해야 한다.**
　독려를 진행하는 것도 모두 비용을 쓰는 업무이다. 따라서 독려 방법에 따른 최대 효과를 볼 수 있는 방법을 고민하여 비용효과성을 따져가면서 독려를 진행할 필요가 있다.

11 다음은 이러닝 콘텐츠 점검 항목에 따른 점검 내용이다. 빈칸에 들어갈 알맞은 말을 작성하시오. [6점]

- ( ) : 이러닝 콘텐츠의 제작 목적과 학습 목표가 부합되는지, 학습 목표에 맞는 내용으로 콘텐츠가 구성되어 있는지 등을 점검한다.
- ( ) : 자막 및 그래픽 작업에서 오탈자가 없는지, 영상과 내레이션이 매끄럽게 연결되는지 등을 점검한다.
- ( ) : 목소리 크기나 의상, 메이크업이 적절한지, 카메라 앵글이 무난한지 등을 점검한다.

🔍 모범 답안 & 가이드

정답 – 교육 내용, 화면 구성, 제작 환경

이러닝 콘텐츠 점검 항목

점검 항목	점검 내용
교육 내용	• 이러닝 콘텐츠의 제작 목적과 학습 목표가 부합되는지 점검 • 학습 목표에 맞는 내용으로 콘텐츠가 구성되어 있는지 점검 • 내레이션이 학습자의 수준과 과정의 성격에 맞는지 점검 • 학습자가 반드시 알아야 할 핵심 정보가 화면상에 표현되는지도 점검
화면 구성	• 자막 및 그래픽 작업에서 오탈자가 없는지 점검 • 영상과 내레이션이 매끄럽게 연결되는지 점검 • 사운드나 BGM이 영상의 목적에 맞게 흐르는지 점검 • 화면이 보기에 편안한 구도로 제작되었는지 점검
제작 환경	• 이러닝의 품질을 높이고 업체의 이윤 창출까지 바라본다면 콘텐츠의 제작 환경을 점검해야 함 • 배우의 목소리 크기나 의상, 메이크업이 적절한지 점검 • 최종 납품 매체의 영상 포맷을 고려한 콘텐츠인지 점검 • 카메라 앵글이 무난한지 점검

12 다음은 이러닝 콘텐츠 개발 절차인 ADDIE 모형 5단계 내용이다. 각 단계에 맞는 순서대로 바른 기호를 작성하시오. [4점]

(   ) → (   ) → (   ) → (   ) → (   )

모범 답안 & 가이드

정답 – ㉣ → ㉡ → ㉠ → ㉤ → ㉢

이러닝 콘텐츠 개발 절차 : 5단계(ADDIE 모형)

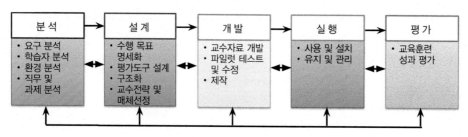

13 다음 중 이러닝 운영결과 보고서 작성 시 '운영 종료 후' 들어가야 할 세부 항목을 골라서 기호를 작성하시오. [4점]

㉠ 학습환경 지원   ㉡ 운영요구 분석   ㉢ 콘텐츠 평가 관리
㉣ 운영활동 결과 관리   ㉤ 성적 처리   ㉥ 시스템 운영 결과 관리
㉦ 고객 요구사항 지원   ㉧ 최종 평가보고서 작성   ㉨ 과정만족도 조사

모범 답안 & 가이드

정답 - ㉢, ㉣, ㉤, ◎

운영과정		세부 수행 내용	관련 자료
운영 종료 후	운영 성과관리	**콘텐츠 평가 관리** 교·강사 평가 관리 **시스템 운영 결과 관리** **운영활동 결과 관리** 개선사항 관리 **최종 평가보고서 작성**	과정 운영 계획서 콘텐츠 기획서 교·강사 관리 자료 시스템 운영 현황 자료 성과 보고 자료
	유관부서 업무지원	매출업무 지원 사업기획업무 지원 콘텐츠업무 지원 영업업무 지원	매출 보고서 과정 운영계획서 운영결과 보고서 콘텐츠 요구사항 정의서

14 다음은 이러닝 운영단계 중 어느 단계에서 수행하는 내용인지 고르시오. [4점]

> 운영요구 분석, 운영제도 분석, 운영계획 수립, 학사일정 수립

> ㉠ 운영 준비   ㉡ 운영 실시   ㉢ 운영 종료 후

모범 답안 & 가이드

정답 - ㉠

운영과정		세부 수행 내용	관련 자료
운영 준비	운영기획과정	운영요구 분석 운영제도 분석 운영계획 수립	운영계획서 운영 관계 법령
	운영 준비과정	운영환경 분석 교육과정 개설 학사일정 수립	학습과목별 강의계획서 교육과정별 과정개요서

15 아래의 표는 이러닝 운영 준비 과정과 관련된 자료명과 자료에 대한 설명을 나타낸 것이다. ㉠과 ㉡에 들어갈 알맞은 용어를 적으시오.   [4점]

관련 자료 명칭	내용 설명
㉠	– 이러닝 과정을 운영하기 위한 계획을 담고 있는 자료 – 학습자, 고객, 교육과정, 학습환경 등에 관한 운영 요구를 분석한 내용, 최신 이러닝 트렌드, 우수 운영사례, 과정 운영 개선사항 등의 내용, 운영 제도의 유형 및 변경사항, 과정 운영을 위한 전략, 일정계획, 홍보계획, 평가전략 등의 운영계획을 포함한 내용으로 구성됨
㉡	– 단위 운영과목에 관한 세부 내용을 담고 있는 문서 – 강의명, 강사, 연락처, 강의 목적, 강의 구성 내용, 강의 평가기준, 세부 목차, 강의 일정 등의 내용으로 구성됨

⊕ 모범 답안 & 가이드

정답 – ㉠ 과정 운영계획서   ㉡ 학습과목별 강의계획서

관련 자료 명칭	내용 설명
과정 운영계획서	– 이러닝 과정을 운영하기 위한 계획을 담고 있는 자료 – 학습자, 고객, 교육과정, 학습환경 등에 관한 운영 요구를 분석한 내용, 최신 이러닝 트렌드, 우수 운영사례, 과정 운영 개선사항 등의 내용, 운영 제도의 유형 및 변경사항, 과정 운영을 위한 전략, 일정계획, 홍보계획, 평가전략 등의 운영계획을 포함한 내용으로 구성됨
콘텐츠 기획서	– 이러닝 콘텐츠에 관한 기획 내용을 담고 있는 자료 – 내용 구성, 교수학습 전략, 개발 과정, 개발 일정 및 방법, 개발 인력, 품질 관리 방법 등의 내용으로 구성됨
운영 관계 법령	– 이러닝 운영에 영향을 미치는 주요 법령을 의미함 – 고등교육법, 평생교육법, 직업능력개발법, 학원의 설립, 운영 및 과외 교습에 관한 법률 등에 관한 내용으로 구성됨
학습과목별 강의계획서	– 단위 운영과목에 관한 세부 내용을 담고 있는 문서 – 강의명, 강사, 연락처, 강의 목적, 강의 구성 내용, 강의 평가기준, 세부 목차, 강의 일정 등의 내용으로 구성됨
교육과정별 과정개요서	– 교육과정에 관한 세부 내용을 담고 있는 문서 – 교육목표를 달성하기 위해 교육내용과 학습활동을 체계적으로 편성, 조직한 것으로 단위 수업의 구성요소와는 구별되는 내용으로 구성됨

16 다음은 버지(Berge)가 제시한 이러닝 교육에서 교수자의 역할에 대한 내용이다. 괄호에 들어갈 알맞은 말을 제시된 기호에서 순서대로 골라서 작성하시오. [4점]

> ㉠ 교수적 ㉡ 사회적 ㉢ 관리적 ㉣ 기술적

- ( ) 역할 : 학습자들이 시스템과 소프트웨어를 어려움 없이 사용할 수 있도록 도와주는 활동
- ( ) 역할 : 학습자의 과제나 학습활동을 조직하고 관리하는 활동
- ( ) 역할 : 학습자가 집단의 소속감과 유대감을 형성할 수 있도록 환경을 조성하는 활동
- ( ) 역할 : 학습자가 주어진 학습목표를 달성할 수 있도록 도와주는 지적 활동

📋 모범 답안 & 가이드

정답 – ㉣, ㉢, ㉡, ㉠

버지(Berge)가 제시한 원격교육 시 교수자의 역할
- **교수적 역할 :** 학습자가 주어진 학습목표(학습내용)를 달성할 수 있도록 도와주는 지적 활동
  - 학습활동에 대한 명확한 목표 제시
  - 학습동기 유발 및 격려
  - 토론 주제나 관련 내용에 대한 설명 제공
  - 토론 촉진, 다각적 사고 유발
  - **학습자의 질문에 대한 답변, 학습내용에 대한 부연설명**
- **사회적 역할 :** 친근하고 우호적인 환경 조성, 집단에의 소속감이나 서로에 대해 유대감 형성
  - 학습자들에게 자신을 소개할 수 있는 기회 제공
  - 친근한 분위기 조성(이모티콘의 사용, 개인적인 안부)
  - 모범적인 참여 행동에 대한 칭찬
- **관리적 역할(행정적 역할) :** 과제나 학습활동을 조직하고 관리하는 활동
  - 학습활동의 절차와 일정을 안내
  - 토론과 과제의 양을 적절하게 조정
  - 학습활동 참여에 관한 개별적인 피드백 제공
  - 토론 시 모든 학습자들이 골고루 참여할 수 있도록 유도
- **기술적 역할 :** 학습자가 컴퓨터 시스템과 소프트웨어를 어려움 없이 사용할 수 있도록 도와주는 활동
  - 시스템 사용방법에 관한 매뉴얼을 제공
  - 기술상의 문제 발생 시 즉각적인 도움 제공
  - 기술지원 담당자를 지정하여 학습자 지원
  - 학습활동에 필요한 각종 게시판 개설

17 다음은 학습관리시스템(LMS)과 학습콘텐츠관리시스템(LCMS)을 비교한 것이다. 괄호에 들어갈 적절한 것을 O또는 X로 작성하시오. [6점]

구분	학습관리시스템(LMS)	학습콘텐츠관리시스템(LCMS)
수업(학습관리)	O	X
학습자 지원	O	O
학습자 데이터 보존	O	X
일정 관리	O	O
콘텐츠 재활용	㉠	㉡
콘텐츠 개발 프로세스를 관리하는 직업 도구	㉢	㉣
학습자 인터페이스 제공 및 콘텐츠 전송	㉤	㉥

㉠ (   ), ㉡ (   ), ㉢ (   ), ㉣ (   ), ㉤ (   ), ㉥ (   )

🔼 모범 답안 & 가이드

정답 - ㉠ X, ㉡ O, ㉢ X, ㉣ O, ㉤ X, ㉥ O

학습관리시스템(LMS)과 학습콘텐츠관리시스템(LCMS) 비교

구분	학습관리시스템(LMS)	학습콘텐츠관리시스템(LCMS)
주 사용자	튜터/강사, 교육담당자	콘텐츠개발자, 교수설계자, 프로젝트 관리자
관리 대상	학습자	학습콘텐츠
수업(학습관리)	O	X
학습자 지원	O	O
학습자 데이터 보존	O	X
학습자 데이터 ERP 시스템과 공유	O	X
일정 관리	O	O
기술 격차분석을 통한 역량 맵핑 제공	O	O(일부 가능)
콘텐츠 제작 가능성	X	O
콘텐츠 재활용	X	O
시험문제 제작 및 관리	O	O
콘텐츠 개발 프로세스를 관리하는 직업 도구	X	O
학습자 인터페이스 제공 및 콘텐츠 전송	X	O

18 다음은 교강사의 역할에 대한 내용이다. 괄호 안에 들어갈 알맞은 용어를 작성하시오. [6점]

- 교수자는 ㉠ (   )자 역할 수행
- 학습에 대해 지속적인 ㉡ (   ) 제공
- 학습자에게 긍정적인 학습 ㉢ (   ) 조성
- 학습자와 ㉣ (   )적 관계 형성

㉠ (   ), ㉡ (   ), ㉢ (   ), ㉣ (   )

📋 모범 답안 & 가이드

정답 – ㉠ 촉진, ㉡ 피드백, ㉢ 환경, ㉣ 우호
교수자는 촉진자의 역할 수행하며, 학습에 대해 지속적인 피드백을 제공해야 한다.
학습자에게 긍정적인 학습 환경을 조성하며, 학습자와 우호적인 관계를 형성해야 한다.

19 원격훈련시스템의 3가지 모듈을 작성하시오. [6점]

㉠ (   ), ㉡ (   ), ㉢ (   )

📋 모범 답안 & 가이드

정답 – ㉠ 관리자 모듈, ㉡ 학습자 모듈, ㉢ 교강사 모듈
① 관리자 모드 : 학습자 관리, 과정 정보, 이러닝 콘텐츠 관리, 설문 관리, 평가 관리, 수강신청, 수강승인 처리, 진도율 현황, 과정별 게시판, 수료처리, 과정별 교육결과, 학습자별 교육결과, 설문결과 확인, 평가결과 확인 기능이 있음
② 학습자 모드 : 강의 수강, 학습 일정 확인, 과제 제출, 퀴즈 응시, 시험 응시, 학습 이력, 출석 기록, 시험 결과 등을 확인할 수 있음
③ 교·강사 모드 : 강의 등록, 강의 자료 업로드, 과제 출제, 퀴즈 출제, 시험 출제 등의 기능이 있음

20 다음 정의가 나타내는 알맞은 단어를 아래에서 골라 작성하시오. [6점]

> 학습콘텐츠관리시스템, 학습기술시스템, 분산학습기술시스템, 학습관리시스템

구분	정의
㉠ ( )	이러닝과 관련된 관리적 · 기술적 지원 절차를 수행하기 위한 소프트웨어 시스템
㉡ ( )	이러닝 콘텐츠의 개발 · 저장 · 조합 · 전달에 사용되는 시스템
㉢ ( )	서브 시스템과 다른 시스템 간에 통신하는 주요 방법으로서 인터넷 · 광역 통신망을 사용하는 학습기술시스템

🔱 모범 답안 & 가이드

정답 – ㉠ 학습관리시스템, ㉡ 학습콘텐츠관리시스템, ㉢ 분산학습기술시스템

용어	뜻
학습관리시스템 [learning management system(LMS)]	– 학습자의 학습을 지원하고 관리하는 시스템 – 보통은 가상학습시스템이라고도 함 – 조직에서 직원, 학생 또는 기타 학습자에게 이러닝 학습과정 및 교육 프로그램을 관리하고 제공할 수 있도록 하는 **소프트웨어 플랫폼**
학습콘텐츠관리시스템 [learning contents management system(LCMS)]	– 학습 객체를 관리하는 시스템 – LMS에 탑재될 학습 콘텐츠를 관리할 수 있는 기능을 제공함 – 관리라는 것은 학습 객체의 탑재, 수정, 삭제 등의 기본 기능을 포함함 – Moodle 및 Sakai와 같은 오픈 소스 플랫폼, Blackboard 및 Canvas와 같은 독점 시스템, Adobe Captivate Prime 및 Docebo와 같은 클라우드 기반 플랫폼 등의 여러 가지 유형이 있음
학습기술시스템 (learning technology system)	– 이러닝 프로그램의 제공, 관리 및 통계에 사용되는 도구, 소프트웨어, 하드웨어의 집합을 말함 – 학습관리시스템(LMS), 가상 교실, 멀티미디어 저작 도구 및 평가 도구와 같은 다양한 소프트웨어 도구들이 포함됨
분산학습기술시스템 [Distributed Learning Technology System(DLTS)]	– 서브 시스템과 다른 시스템 간에 통신하는 주요 방법 – 인터넷 · 광역 통신망을 사용하는 학습기술시스템

참고 문헌 및 자료

※ 이 책에 수록된 이론 내용은 NCS 국가직무능력표준 통합 포털 사이트에 게재된 학습자료를 참고하였습니다.

- 『2022 이러닝산업 실태조사 보고서』, 산업통상자원부, 소프트웨어정책연구소(2023)
- 『한국형 웹 콘텐츠 접근성 지침 2.2』, 방송통신표준심의회(2022)
- 『초등학생의 자기주도학습을 위한 LMS 활용방안』, 이주성, 전석주(2019)
- 『이러닝 신기술 동향』, 한국전자통신연구원, 노진아 외(2014)
- 『소프트웨어 프로젝트관리』, 생능출판사, 고석하(2014)
- 『요구분석을 통한 원격교육기관 학습관리시스템 비교분석 및 개선방안 도출』, 손경아, 우영희(2010)
- 『이러닝 기술 동향』, 한국전자통신연구원, 정보과학회지 제26권 제12호, 지형근 외(2008)
- 『이러닝과 학습양식』, 인터비젼, 안광식(2006)
- 『이러닝산업발전 및 활성화를 위한 기본계획(안)』, 한국전자거래진흥원(2005)
- 『이러닝 프로젝트 가이드』, 다산서고, 김덕중(2004)
- 『교육정보 국제표준화 동향』, 교육정보기술 세미나, 산업자원부 기술표준원, 곽덕훈(2004)

인터넷 사이트

- NCS 국가직무능력표준(https://www.ncs.go.kr/)
- NCS 학습모듈 이론

  학습모듈 → 대분류 04. 교육·자연·사회과학 → 중분류 03. 직업교육 → 소분류 02. 이러닝
- 맑은소프트, Learning Management System(https://www.malgnsoft.com)

학습문의 및 정오표 안내

저희 북스케치는 오류 없는 책을 만들기 위해 노력하고 있으나, 미처 발견하지 못한 잘못된 내용이 있을 수 있습니다.
학습하시다 문의 사항이 생기실 경우, 북스케치 이메일(booksk@booksk.co.kr)로 교재 이름, 페이지, 문의 내용 등을
보내주시면 확인 후 성실히 답변 드리도록 하겠습니다.
또한, 출간 후 발견되는 정오 사항은 북스케치 홈페이지(www.booksk.co.kr)의 도서정오표 게시판에 신속히 게재하
도록 하겠습니다.
좋은 콘텐츠와 유용한 정보를 전하는 '간직하고 싶은 수험서'를 만들기 위해 늘 노력하겠습니다.

이러닝 운영관리사 실기 필답형

초판 발행	2024년 01월 15일
개정판 발행	2024년 06월 20일
편저자	이준희, 이태린 공편
펴낸곳	북스케치
출판등록	제2022-000047호
주소	경기도 파주시 광인사길 193, 2층
전화	070 - 4821 - 5513
팩스	0303 - 0957 - 0405
학습문의	booksk@booksk.co.kr
홈페이지	www.booksk.co.kr
ISBN	979 - 11 - 94041 - 05 - 4

생	각	을		스	케	치	하	다
세	상	을		스	케	치	하	다

북스케치

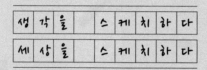

| 생 | 각 | 을 | | 스 | 케 | 치 | 하 | 다 |
| 세 | 상 | 을 | | 스 | 케 | 치 | 하 | 다 |

북스케치